2024
年度版

日商簿記検定
模擬試験
問題集

3級

模試 8 回

ネットスクール出版

日商簿記 3級
模擬試験問題集

CONTENTS

別冊 問題・答案用紙編

受けよう ネット試験！　　　購入者特典!!!

ネット試験体験サイトのご案内

　本書を購入された方に、全5回分の日商簿記検定3級ネット試験が体験できる体験プログラムをご提供します。

　ブラウザ（インターネット閲覧ソフト／アプリ）上で動作するため、特殊なプログラムのインストールは不要で、OS（オペレーティングシステム）に関係なくパソコンやタブレットで体験できます。

　ネット試験の操作に不安要素がある方は、ぜひ本サイトのプログラムも試験対策に向けてご活用ください。

　下記URLまたはQRコードより特設サイトへアクセスし、パスコードを入力することでご利用頂けます。

《特設ページURL》

http://www.ns-2.jp/mg3_2024/

《パスコード》※半角数字

946785

タブレット端末の方はこちら

【注意事項】

・利用に必要な端末及び通信環境の準備や利用、インターネット通信に必要な料金はお客様のご負担となります。

・動作環境や設定等によっては正常に動作しない場合がございます。また、実際のネット試験と挙動が異なる部分が存在する可能性もございます。そうした場合の責任は、弊社では負いかねます。

・利用にあたっては、できる限り画面サイズの大きな端末をお使いになることをお勧めいたします。

・本サービスで提供する問題はネットスクールが独自に作成した問題です。

・本サービスは2025年3月31日までの提供を予定しておりますが、予告なく変更・終了する場合がございます。あらかじめご了承ください。

解き直しのさいには答案用紙ダウンロードサービスをご利用ください。

ネットスクール HP（https://www.net-school.co.jp/）➡ 読者の方へ をクリック

基本問題編　問題・答案用紙

| 基本問題01 | 掛仕入 | 解答……p.32 |

下記の各取引について仕訳しなさい。ただし、勘定科目は、次の中から最も適当と思われるものを選ぶこと。

現　　金　　買　掛　金　　仕　　　入

1	商品￥14,000を仕入れ、代金は現金で支払った。			
	借方科目	金額	貸方科目	金額

2	商品￥14,000を仕入れ、代金は掛けとした。			
	借方科目	金額	貸方科目	金額

3	買掛金￥14,000を現金で支払った。			
	借方科目	金額	貸方科目	金額

| 基本問題02 | 仕入諸掛・仕入返品 | 解答……p.32 |

下記の各取引について仕訳しなさい。ただし、勘定科目は、次の中から最も適当と思われるものを選ぶこと。

現　　金　　買　掛　金　　仕　　　入

1	山口商店から商品￥15,600を仕入れ、代金は掛けとした。なお、当社負担の引取運賃￥400については現金で支払った。			
	借方科目	金額	貸方科目	金額

2	山口商店から仕入れた商品の一部に品違いがあったため、商品￥1,000を返品し、掛け代金から差し引いた。			
	借方科目	金額	貸方科目	金額

— 1 —

下記の各取引について仕訳しなさい。ただし、勘定科目は、次の中から最も適当と思われるものを選ぶこと。

現　　金　　売　掛　金　　売　　　　上　　クレジット売掛金　　支　払　手　数　料

	商品￥20,000を売り上げ、代金は現金で受け取った。			
1	借方科目	金額	貸方科目	金額

	商品￥20,000を売り上げ、代金は掛けとした。			
2	借方科目	金額	貸方科目	金額

	売掛金￥20,000を現金で回収した。			
3	借方科目	金額	貸方科目	金額

	商品￥20,000をクレジット払いの条件で売り上げ、カード会社へのクレジット手数料（販売代金の5％）を販売時に計上した。			
4	借方科目	金額	貸方科目	金額

下記の各取引について仕訳しなさい。ただし、勘定科目は、次の中から最も適当と思われるものを選ぶこと。

現　　金　　売　掛　金　　売　　　　上　　発　送　費

	千葉商店に商品￥21,600を売り上げ、代金は掛けとした。なお、当社負担の発送運賃￥400については現金で支払った。			
1	借方科目	金額	貸方科目	金額

	千葉商店に売り上げた商品の一部に品違いがあったため、商品￥1,000の返品を受け、掛け代金から差し引いた。			
2	借方科目	金額	貸方科目	金額

	長野商店に、商品￥200,000を送料￥4,000を含めた￥204,000で掛け売上とした。また、商品の発送時に、配送業者に送料￥4,000を現金で支払い、費用として処理した。			
3	借方科目	金額	貸方科目	金額

| 基本問題05 | 前払金 | | 解答……p. 33 |

下記の各取引について仕訳しなさい。ただし、勘定科目は、次の中から最も適当と思われるものを選ぶこと。

現　　　金　売　掛　金　前　払　金　買　掛　金　売　　　上
仕　　　入

1	山口商店に対して商品￥14,000を注文し、手付金として￥1,400を現金で支払った。			
	借方科目	金額	貸方科目	金額

2	山口商店から商品￥14,000を仕入れ、代金のうち￥1,400は同商店にあらかじめ支払っていた手付金を充当し、残額は掛けとした。			
	借方科目	金額	貸方科目	金額

| 基本問題06 | 前受金 | | 解答……p. 33 |

下記の各取引について仕訳しなさい。ただし、勘定科目は、次の中から最も適当と思われるものを選ぶこと。

現　　　金　売　掛　金　前　払　金　買　掛　金　前　受　金
売　　　上　仕　　　入

1	千葉商店より商品￥20,000の注文を受け、手付金として￥2,000を現金で受け取った。			
	借方科目	金額	貸方科目	金額

2	千葉商店より注文のあった商品￥20,000を発送し、代金のうち￥2,000は同商店よりあらかじめ受け取っていた手付金と相殺し、残額は掛けとした。			
	借方科目	金額	貸方科目	金額

| 基本問題07 | 商品券 | | 解答……p. 33 |

下記の各取引について仕訳しなさい。ただし、勘定科目は、次の中から最も適当と思われるものを選ぶこと。

現　　　金　受　取　商　品　券　売　　　上

1	商品￥4,000を売り上げ、代金として同額の自治体発行の商品券を受け取った。			
	借方科目	金額	貸方科目	金額

2	売上代金として受け取った自治体発行の商品券￥4,000を引き渡して換金請求を行い、同額を現金で受け取った。			
	借方科目	金額	貸方科目	金額

決算において、売上原価の算定に必要な決算整理仕訳を下記の１および２のそれぞれの場合に分けて行いなさい。なお、期首商品棚卸高は¥2,000、当期商品仕入高は¥16,000、期末商品棚卸高は¥4,000とする。また、勘定科目は、次の中から最も適当と思われるものを選ぶこと。

繰 越 商 品　　仕　　　入　　売 上 原 価

	仕入勘定を用いて売上原価を算定する場合			
	借方科目	金額	貸方科目	金額
1				

	売上原価勘定を用いて売上原価を算定する場合			
	借方科目	金額	貸方科目	金額
2				

下記の各取引について仕訳しなさい。ただし、勘定科目は、次の中から最も適当と思われるものを選ぶこと。

現　　　金　　当 座 預 金　　売　　　上　　仕　　　入

	現金¥20,000を当座預金口座に預け入れた。			
	借方科目	金額	貸方科目	金額
1				

	商品¥14,000を仕入れ、代金は小切手を振り出して支払った。			
	借方科目	金額	貸方科目	金額
2				

	商品¥4,000を売り上げ、代金は得意先振出しの小切手を受け取った。			
	借方科目	金額	貸方科目	金額
3				

	商品¥6,000を売り上げ、代金は得意先振出しの小切手を受け取り、ただちに当座預金口座に預け入れた。			
	借方科目	金額	貸方科目	金額
4				

	商品¥8,000を売り上げ、代金は当社振出しの小切手を受け取った。			
	借方科目	金額	貸方科目	金額
5				

下記の各取引について仕訳しなさい。ただし、勘定科目は、次の中から最も適当と思われるものを選ぶこと。
当 座 預 金　　受 取 手 形　　売 掛 金　　支 払 手 形　　買 掛 金
売　　　　上　　仕　　　　入

1	山口商店に対する買掛金¥10,000を支払うため、約束手形を振り出した。			
	借方科目	金額	貸方科目	金額

2	長崎商店から商品¥6,000を仕入れ、代金は同店あての約束手形を振り出して支払った。			
	借方科目	金額	貸方科目	金額

3	山口商店あてに振り出した約束手形¥10,000が支払期日となり、当座預金口座から引き落とされた。			
	借方科目	金額	貸方科目	金額

4	千葉商店に対する売掛金¥10,000を回収し、同店振出し、当社あての約束手形で受け取った。			
	借方科目	金額	貸方科目	金額

5	広島商店に商品¥6,000を売り上げ、代金は同店振出しの約束手形を受け取った。			
	借方科目	金額	貸方科目	金額

6	金融機関に取立てを依頼していた千葉商店振出し、当社あての約束手形¥10,000について、取立てが済み、当座預金に入金された。			
	借方科目	金額	貸方科目	金額

下記の各取引について仕訳しなさい。ただし、勘定科目は、次の中から最も適当と思われるものを選ぶこと。
　当　座　預　金　　売　掛　金　　電子記録債権　　買　掛　金　　電子記録債務

1	山口商店に対する買掛金¥10,000の支払いを電子債権記録機関で行うため、取引銀行を通して債務の発生記録を行った。			
	借方科目	金額	貸方科目	金額

2	電子債権記録機関に発生記録した債務¥10,000の支払期日が到来したので、当座預金口座から引き落とされた。			
	借方科目	金額	貸方科目	金額

3	千葉商店に対する売掛金¥10,000の回収に関して、電子債権記録機関から取引銀行を通じて債権の発生記録の通知を受けた。			
	借方科目	金額	貸方科目	金額

4	電子債権記録機関に発生記録した債権¥10,000の支払期日が到来し、当座預金口座に振り込まれた。			
	借方科目	金額	貸方科目	金額

下記の各取引について仕訳しなさい。ただし、勘定科目は、次の中から最も適当と思われるものを選ぶこと。

現　　　金	当座預金	建　　　物	備　　　品	車両運搬具
土　　　地	減価償却費	建物減価償却累計額	備品減価償却累計額	

1	店舗を建築するために土地¥540,000を小切手を振り出して購入した。また、購入にあたって必要となった整地費用¥40,000と登記料¥20,000は現金で支払った。				
	借方科目	金額	貸方科目	金額	

2	店舗用の建物¥1,500,000を購入し、不動産業者への仲介手数料¥100,000とともに小切手を振り出して支払った。				
	借方科目	金額	貸方科目	金額	

3	車両¥400,000を購入し、代金は小切手を振り出して支払った。				
	借方科目	金額	貸方科目	金額	

4	決算において、当期首に取得した建物（取得原価¥1,600,000）および備品（取得原価¥120,000）の減価償却を行う。なお、減価償却の記帳方法は間接法による。 　建物　償却方法：定額法、耐用年数：30年、残存価額：取得原価の10% 　備品　償却方法：定額法、耐用年数：6年、残存価額：ゼロ				
	借方科目	金額	貸方科目	金額	

下記の各取引について仕訳しなさい。ただし、勘定科目は、次の中から最も適当と思われるものを選ぶこと。

現　　　　金　　　備　　　　品　　　車　両　運　搬　具　　　土　　　地　　　備品減価償却累計額
車両運搬具減価償却累計額　　　減　価　償　却　費　　　固定資産売却損　　　固定資産売却益

1	以前に購入していた土地（取得原価￥200,000）を￥240,000で売却し、代金は現金で受け取った。			
	借方科目	金額	貸方科目	金額

2	期首に備品（取得原価￥120,000、減価償却累計額￥20,000、間接法で記帳）を￥70,000で売却し、代金は現金で受け取った。			
	借方科目	金額	貸方科目	金額

3	車両（取得原価￥400,000、期首における減価償却累計額￥160,000、間接法で記帳）を期中に￥240,000で売却し、代金は現金で受け取った。なお、期中分の減価償却費￥40,000を合わせて計上すること。			
	借方科目	金額	貸方科目	金額

基本問題14	未収入金・未払金・差入保証金	解答……p.37

下記の各取引について仕訳しなさい。ただし、勘定科目は、次の中から最も適当と思われるものを選ぶこと。

当 座 預 金　　　未 収 入 金　　　備　　　品　　　未 払 金　　　固定資産売却益
固定資産売却損　　　備品減価償却累計額　　　差 入 保 証 金

1	備品¥500,000を購入し、代金は翌月末に支払うこととした。			
	借方科目	金額	貸方科目	金額

2	期首に備品（取得原価¥120,000、減価償却累計額¥20,000、間接法で記帳）を¥70,000で売却し、代金は月末に受け取ることにした。			
	借方科目	金額	貸方科目	金額

3	店舗の賃借にあたり、敷金¥400,000を小切手を振り出して支払った。			
	借方科目	金額	貸方科目	金額

基本問題15	費用の前払いの一連の流れ	解答……p.37

福岡商事株式会社（決算年1回、3月31日）における次の一連の取引にもとづいて、各取引の仕訳を行いなさい。ただし、勘定科目は、次の中から最も適当と思われるものを選ぶこと。

現　　　　　金　　　前 払 保 険 料　　　保　険　料

1	X1年7月1日　店舗の火災保険料¥24,000（1年分）について現金で支払った。			
	借方科目	金額	貸方科目	金額

2	X2年3月31日　3か月分の火災保険料の前払いがある。			
	借方科目	金額	貸方科目	金額

3	X2年4月1日　期首に再振替仕訳を行った。			
	借方科目	金額	貸方科目	金額

　福岡商事株式会社（決算年１回、３月31日）における次の一連の取引にもとづいて、各取引の仕訳を行いなさい。ただし、勘定科目は、次の中から最も適当と思われるものを選ぶこと。

　　現　　　　　金　　前　受　家　賃　　受　取　家　賃

	X1年７月１日　店舗の一部を賃貸し、家賃¥48,000（１年分）を現金で受け取った。			
1	借方科目	金額	貸方科目	金額

	X2年３月31日　３か月分の家賃の前受けがある。			
2	借方科目	金額	貸方科目	金額

	X2年４月１日　期首に再振替仕訳を行った。			
3	借方科目	金額	貸方科目	金額

福岡商事株式会社（決算年1回、3月31日）における次の一連の取引にもとづいて、各取引の仕訳を行いなさい。ただし、勘定科目は、次の中から最も適当と思われるものを選ぶこと。

現　　　金　　当 座 預 金　　受 取 手 形　　手 形 貸 付 金　　未 払 利 息
借　入　金　　支 払 利 息

1	X1年10月1日　A銀行より、借入期間1年で、現金￥400,000を借り入れた。なお、1年間の利息は￥24,000で、返済日に元本と一緒に返済する。

借方科目	金額	貸方科目	金額

2	X2年3月31日　決算にあたり、6か月分の利息を未払計上する。

借方科目	金額	貸方科目	金額

3	X2年4月1日　期首に再振替仕訳を行った。

借方科目	金額	貸方科目	金額

4	X2年9月30日　借入金の返済日を迎え、利息とともに現金で返済した。

借方科目	金額	貸方科目	金額

5	X2年10月1日　千葉商店に￥100,000を小切手を振り出して貸し付け、同額の約束手形を受け取った。

借方科目	金額	貸方科目	金額

福岡商事株式会社（決算年1回、3月31日）における次の一連の取引にもとづいて、各取引の仕訳を行いなさい。ただし、勘定科目は、次の中から最も適当と思われるものを選ぶこと。

現　　　金　　貸　付　金　　未　収　利　息　　手形借入金　　支　払　手　形
受　取　利　息　　支　払　利　息

1	X1年10月1日　得意先千葉商店に、貸付期間1年で、現金¥400,000を貸し付けた。なお、1年間の利息は¥24,000であり、返済日に元本と一緒に返済してもらうこととする。			
	借方科目	金額	貸方科目	金額

2	X2年3月31日　決算にあたり、6か月分の利息を未収計上する。			
	借方科目	金額	貸方科目	金額

3	X2年4月1日　期首に再振替仕訳を行った。			
	借方科目	金額	貸方科目	金額

4	X2年9月30日　貸付金の返済日を迎え、利息とともに現金で返済を受けた。			
	借方科目	金額	貸方科目	金額

5	X2年10月1日　約束手形を振り出して山口商店から¥100,000を借り入れ、利息¥2,000を差し引かれた手取額を同店振出の小切手で受け取った。			
	借方科目	金額	貸方科目	金額

下記の一連の取引について仕訳しなさい。ただし、勘定科目は、次の中から最も適当と思われるものを選ぶこと。

現　　　金　　貯　蔵　品　　租　税　公　課

1	収入印紙¥4,000を購入し、代金は現金で支払った。			
	借方科目	金額	貸方科目	金額

2	決算にあたり、収入印紙の棚卸を行ったところ、未使用分¥1,000があった。			
	借方科目	金額	貸方科目	金額

下記の各取引について仕訳しなさい。ただし、勘定科目は、次の中から最も適当と思われるものを選ぶこと。
現　　　金　　売　掛　金　　仮　払　金　　仮　受　金　　旅　費　交　通　費

	従業員の出張にさいし、旅費の概算額￥100,000を現金で渡した。			
1	借方科目	金額	貸方科目	金額

	上記1の従業員が出張から戻り、旅費を精算し、残額￥20,000を現金で受け取った。			
2	借方科目	金額	貸方科目	金額

	出張中の社員から現金￥100,000の送金があったが内容は不明であった。			
3	借方科目	金額	貸方科目	金額

	上記3の送金は、得意先からの売掛金の回収額であることが判明した。			
4	借方科目	金額	貸方科目	金額

下記の各取引について仕訳しなさい。ただし、勘定科目は、次の中から最も適当と思われるものを選ぶこと。
繰越利益剰余金　　　売　　　　　上　　　仕　　　　　入　　　損　　　　　益

	決算において、売上勘定の貸方残高￥800,000を損益勘定へ振り替えた。			
1	借方科目	金額	貸方科目	金額

	仕入勘定において算定された売上原価￥560,000を損益勘定へ振り替えた。			
2	借方科目	金額	貸方科目	金額

	損益勘定の記録によると、当期の収益総額は￥7,000,000、費用総額は￥5,400,000であった。この差額を繰越利益剰余金勘定へ振り替える。			
3	借方科目	金額	貸方科目	金額

下記の各取引について仕訳しなさい。ただし、勘定科目は、次の中から最も適当と思われるものを選ぶこと。

当 座 預 金　　仮 払 法 人 税 等　　未 払 法 人 税 等　　法人税、住民税及び事業税

1	当期の法人税等の中間申告を行い、¥200,000を小切手を振り出して納付した。			
	借方科目	金額	貸方科目	金額

2	当期の法人税、住民税及び事業税の額は¥500,000であった。なお、中間納付額¥200,000は仮払法人税等勘定で処理されている。			
	借方科目	金額	貸方科目	金額

下記の一連の取引について、税抜方式により仕訳しなさい。ただし、消費税の税率は10%であり、勘定科目は、次の中から最も適当と思われるものを選ぶこと。

現　　　　金　　仮 払 消 費 税　　仮 受 消 費 税　　未 払 消 費 税　　売　　　　上
仕　　　　入

1	商品¥10,000（税抜）を仕入れ、代金は消費税を含めて現金で支払った。			
	借方科目	金額	貸方科目	金額

2	商品¥20,000（税抜）を売り上げ、代金は消費税を含めて現金で受け取った。			
	借方科目	金額	貸方科目	金額

3	決算をむかえ、消費税に関する処理を行った。			
	借方科目	金額	貸方科目	金額

福岡商事株式会社（決算年1回、3月31日）における次の一連の取引にもとづいて、仕訳を行いなさい。ただし、勘定科目は、次の中から最も適当と思われるものを選ぶこと。

現　　　　金　　現金過不足　　受　取　家　賃　　雑　　　　益　　旅費交通費
雑　　　　損

［X1年4月1日〜X2年3月31日］

1	金庫の現金を調べたところ、帳簿残高より¥4,000不足していた。			
	借方科目	金額	貸方科目	金額

2	現金過不足につき、その原因を調査していたが、旅費交通費¥3,000の記帳漏れが判明した。			
	借方科目	金額	貸方科目	金額

3	決算にあたり、現金過不足の残高（借方残高¥1,000）の原因は不明であったため、適正に処理する。			
	借方科目	金額	貸方科目	金額

［X2年4月1日〜X3年3月31日］

4	金庫の現金を調べたところ、帳簿残高より¥4,000過剰であった。			
	借方科目	金額	貸方科目	金額

5	現金過不足につき、その原因を調査していたが、受取家賃¥3,000の記帳漏れが判明した。			
	借方科目	金額	貸方科目	金額

6	決算にあたり、現金過不足の残高（貸方残高¥1,000）の原因は不明であったため、適正に処理する。			
	借方科目	金額	貸方科目	金額

基本問題25	剰余金の配当	解答……p.42

下記の取引について仕訳しなさい。ただし、勘定科目は、次の中から最も適当と思われるものを選ぶこと。

　　未 払 配 当 金　　資 本 金　　利 益 準 備 金　　繰越利益剰余金

1	株主総会を開催し、繰越利益剰余金の処分を次のとおり決定した。 　　株主配当金：¥100,000　　利益準備金：¥10,000			
	借方科目	金額	貸方科目	金額

基本問題26	立替金・預り金	解答……p.42

下記の各取引について仕訳しなさい。ただし、勘定科目は、次の中から最も適当と思われるものを選ぶこと。

　　現　　　　　金　　従 業 員 立 替 金　　売　　掛　　金　　所 得 税 預 り 金　　社会保険料預り金
　　売　　　　　上　　給　　　　　料　　法 定 福 利 費

1	従業員の生命保険料¥14,000を現金で立て替えた。			
	借方科目	金額	貸方科目	金額

2	従業員への5月分の給料総額¥300,000のうち、源泉所得税¥6,000と従業員負担の社会保険料¥2,400、ならびに会社側がいったん立て替えて支払った従業員負担の生命保険料¥14,000を差し引いた残額を現金で支給した。			
	借方科目	金額	貸方科目	金額

3	従業員の給料から源泉徴収していた所得税¥6,000を現金で納付した。			
	借方科目	金額	貸方科目	金額

4	従業員の給料から控除していた社会保険料¥2,400と会社負担の社会保険料¥2,400を合わせて現金で納付した。			
	借方科目	金額	貸方科目	金額

下記の各取引について仕訳しなさい。ただし、勘定科目は、次の中から最も適当と思われるものを選ぶこと。

当座預金	売掛金	貸倒引当金	償却債権取立益	貸倒引当金繰入
貸倒損失				

1

決算において、期末売掛金残高¥500,000に対し、2％の貸倒引当金を差額補充法により設定する。なお、貸倒引当金残高は¥6,000であった。

借方科目	金額	貸方科目	金額

2

売掛金¥6,000（前期発生分）が貸し倒れた。なお、貸倒引当金残高は¥10,000であった。

借方科目	金額	貸方科目	金額

3

売掛金¥12,000（前期発生分）が貸し倒れた。なお、貸倒引当金残高は¥10,000であった。

借方科目	金額	貸方科目	金額

4

売掛金¥4,000（当期発生分）が貸し倒れた。なお、貸倒引当金残高は¥10,000であった。

借方科目	金額	貸方科目	金額

5

前期に貸倒れとして処理していた広島商店に対する売掛金¥10,000のうち、¥6,000が回収され、当座預金の口座に振り込まれた。なお、貸倒引当金勘定には¥10,000の残高がある。

借方科目	金額	貸方科目	金額

下記の各取引について仕訳しなさい。ただし、勘定科目は、次の中から最も適当と思われるものを選ぶこと。

　現　　　金　　売　掛　金　　売　　　　　上

1	商品￥10,000を売り上げ、代金は現金で受け取ったが、貸借逆に仕訳していたため、本日これを訂正する。			
	借方科目	金額	貸方科目	金額

2	商品￥10,000を売り上げ、代金は現金で受け取ったが、金額を￥1,000と仕訳していたため、本日これを訂正する。			
	借方科目	金額	貸方科目	金額

3	売掛金￥10,000を現金で回収したさい、誤って売上に計上していたことが判明したので、本日これを訂正する。			
	借方科目	金額	貸方科目	金額

下記の各取引について仕訳しなさい。ただし、勘定科目は、次の中から最も適当と思われるものを選ぶこと。

　当　座　預　金　　小　口　現　金　　水　道　光　熱　費　　消　耗　品　費　　雑　　　　　費

1	小口現金として小切手￥20,000を振り出して小口現金係に渡した。			
	借方科目	金額	貸方科目	金額

2	小口現金係から水道光熱費￥10,000、雑費￥6,000の支払報告を受けた。			
	借方科目	金額	貸方科目	金額

3	小口現金係から消耗品費￥8,000、雑費￥4,000の支払報告を受けたので、ただちに支払額と同額の小切手を振り出して補給した。			
	借方科目	金額	貸方科目	金額

次の仕訳帳の記入から答案用紙の各勘定へ転記しなさい。

仕　訳　帳　　　　1

X1年		摘　　要	元丁	借　方	貸　方
7	2	（現　　金）		40,000	
		（借　入　金）			40,000
	10	（建　　物）		160,000	
		（現　　金）			160,000
	15	諸　　口　（売　　上）			20,000
		（現　　金）		6,000	
		（売　掛　金）		14,000	

現　　金　　　　1

X1年	摘　要	仕丁	借　方	X1年	摘　要	仕丁	貸　方
4　1	前 期 繰 越	✓	200,000	7　10			
7　2							
15							

売　掛　金　　　　2

X1年	摘　要	仕丁	借　方	X1年	摘　要	仕丁	貸　方
7　15							

建　　物　　　　3

X1年	摘　要	仕丁	借　方	X1年	摘　要	仕丁	貸　方
7　10							

借　入　金　　　　4

X1年	摘　要	仕丁	借　方	X1年	摘　要	仕丁	貸　方
				7　2			

売　　上　　　　5

X1年	摘　要	仕丁	借　方	X1年	摘　要	仕丁	貸　方
				7　15			

次の取引にもとづいて、答案用紙の現金出納帳と当座預金出納帳に記入しなさい。

［取引］

8月8日　千葉商店に商品￥20,000を売り上げ、代金は現金で受け取った。

　9日　山口商店より商品￥14,000を仕入れ、代金は小切手を振り出して支払った。

　10日　山口商店に対する買掛金￥14,000を現金で支払った。

　15日　千葉商店に対する売掛金￥20,000が、当座預金口座に振り込まれた。

現 金 出 納 帳

X1年		摘　　　要	収　入	支　出	残　高
8	1	前月繰越	200,000		200,000
	8	千葉商店へ売上			
	10	山口商店の買掛金支払い			
	31	**次月繰越**			
9	1	前月繰越			

当座預金出納帳

X1年		摘　　　要	預　入	引　出	借または貸	残　高
8	1	前月繰越	200,000		借	200,000
	9	山口商店より仕入				
	15	千葉商店の売掛金回収				
	31	**次月繰越**				
9	1	前月繰越				

次の取引にもとづいて、各問に答えなさい。

[取引]

7月2日	茶菓代	¥ 6,000
4日	携帯電話代	¥20,000
5日	タクシー代	¥ 4,000

問1 答案用紙の小口現金出納帳の ☐ の中に金額を記入しなさい。なお、定額資金前渡制度を採用しており、週末に資金の補給を行っている。

小口現金出納帳

受 入	X1年		摘 要	支 払	内 訳		
					通信費	交通費	雑 費
40,000	7	1	前 週 繰 越				
		2	茶 菓 代	☐			☐
		4	携 帯 電 話 代	☐	☐		
		5	タ ク シ ー 代	☐		☐	
			合 計	☐	☐	☐	☐
☐		5	小 切 手 補 給				
		〃	次 週 繰 越	☐			
☐				☐			
☐	7	8	前 週 繰 越				

問2 答案用紙の小口現金出納帳の ☐ の中に金額を記入しなさい。なお、定額資金前渡制度を採用しており、週初めに資金の補給を行っている。

小口現金出納帳

受 入	X1年		摘 要	支 払	内 訳		
					通信費	交通費	雑 費
24,000	7	1	前 週 繰 越				
16,000		〃	小 切 手 補 給				
		2	茶 菓 代	☐			☐
		4	携 帯 電 話 代	☐	☐		
		5	タ ク シ ー 代	☐		☐	
			合 計	☐	☐	☐	☐
		5	次 週 繰 越	☐			
☐				☐			
☐	7	8	前 週 繰 越				
☐		〃	小 切 手 補 給				

下記の売上帳と仕入帳にもとづいて、答案用紙の各日付の仕訳を示しなさい。ただし、勘定科目は、次の中から最も適当と思われるものを選ぶこと。

現　　金　　売　掛　金　　買　掛　金　　売　　　　上　　仕　　　　入

売　上　帳

X1年		摘　　　要		内　訳	金　額
7	6	千葉商店	現金		
		靴下	10足×@¥1,000		10,000
	10	広島商店	掛け		
		Yシャツ	5枚×@¥6,000	30,000	
		Tシャツ	10枚×@¥2,000	20,000	50,000
	15	**広島商店**	**掛返品**		
		Yシャツ	**1枚×@¥6,000**		**6,000**
	31		総 売 上 高		60,000
	〃		**売上戻り高**		**6,000**
			純 売 上 高		54,000

仕　入　帳

X1年		摘　　　要		内　訳	金　額
7	2	山口商店	現金		
		靴下	20足×@¥　700		14,000
	14	長崎商店	掛け		
		Yシャツ	10枚×@¥4,200	42,000	
		Tシャツ	20枚×@¥1,400	28,000	70,000
	25	**長崎商店**	**掛返品**		
		Tシャツ	**6枚×@¥1,400**		**8,400**
	31		総 仕 入 高		84,000
	〃		**仕入戻し高**		**8,400**
			純 仕 入 高		75,600

1	7月2日			
	借方科目	金額	貸方科目	金額

2	7月6日			
	借方科目	金額	貸方科目	金額

3	7月10日			
	借方科目	金額	貸方科目	金額

4	7月14日			
	借方科目	金額	貸方科目	金額

5	7月15日			
	借方科目	金額	貸方科目	金額

6	7月25日			
	借方科目	金額	貸方科目	金額

下記の資料にもとづいて、各問に答えなさい。

[資料]
```
8月5日　仕　　　入　　商品A　　40個　　@￥400
　　15日　売　　　上　　商品A　　20個　　@￥1,000
　　20日　仕　　　入　　商品A　　30個　　@￥440
　　30日　売　　　上　　商品A　　40個　　@￥1,040
```

問1　先入先出法により、答案用紙の商品有高帳に記入しなさい。なお、商品有高帳の締切りまで行うこと。

商 品 有 高 帳
商品A
（先入先出法）

X1年		摘　要	受　入			払　出			残　高		
			数量	単価	金　額	数量	単価	金　額	数量	単価	金　額
8	1	前月繰越	10	420	4,200				10	420	4,200
	5	仕　入	☐	☐	☐				☐	☐	☐
									☐	☐	
	15	売　　上				☐	☐	☐			
						☐	☐	☐	☐	☐	☐
	20	仕　入	☐	☐	☐				☐	☐	☐
									☐	☐	☐
	30	売　　上				☐	☐	☐			
						☐	☐	☐	☐	☐	☐
	31	次月繰越				☐	☐	☐			
			☐	—	☐	☐	—	☐			
9	1	前月繰越	☐	☐	☐				☐	☐	☐

問2　移動平均法により、答案用紙の商品有高帳に記入しなさい。なお、商品有高帳の締切りまで行うこと。

商 品 有 高 帳
商品A
（移動平均法）

X1年		摘　要	受　入			払　出			残　高		
			数量	単価	金　額	数量	単価	金　額	数量	単価	金　額
8	1	前月繰越	10	420	4,200				10	420	4,200
	5	仕　入	☐	☐	☐				☐	☐	☐
	15	売　　上				☐	☐	☐	☐	☐	☐
	20	仕　入	☐	☐	☐				☐	☐	☐
	30	売　　上				☐	☐	☐	☐	☐	☐
	31	次月繰越				☐	☐	☐			
			☐	—	☐	☐	—	☐			
9	1	前月繰越	☐	☐	☐				☐	☐	☐

下記の資料にもとづいて、答案用紙の各日付の仕訳を示しなさい。ただし、勘定科目は、次の中から最も適当と思われるものを選ぶこと。

当 座 預 金　　受 取 手 形　　売 掛 金　　支 払 手 形　　買 掛 金
売　　　　　上　　仕　　　　　入

受取手形記入帳

X1年		摘要	金額	手形種類	手形番号	支払人	振出人	振出日		満期日		支払場所	てん末		
								月	日	月	日		月	日	摘要
4	8	売　上	6,000	約手	01	千葉商店	千葉商店	4	8	6	30	NS銀行	6	30	当座入金
7	3	売掛金	10,000	約手	41	岡山商店	岡山商店	7	3	9	30	KF銀行	9	30	当座入金

支払手形記入帳

X1年		摘要	金額	手形種類	手形番号	受取人	振出人	振出日		満期日		支払場所	てん末		
								月	日	月	日		月	日	摘要
8	10	仕　入	6,000	約手	50	山口商店	当　社	8	10	10	31	NS銀行	10	31	当座引落
10	15	買掛金	10,000	約手	62	熊本商店	当　社	10	15	12	31	AY銀行			

4月8日
借方科目	金額	貸方科目	金額

6月30日
借方科目	金額	貸方科目	金額

7月3日
借方科目	金額	貸方科目	金額

8月10日
借方科目	金額	貸方科目	金額

10月15日
借方科目	金額	貸方科目	金額

10月31日
借方科目	金額	貸方科目	金額

次の取引にもとづいて、答案用紙の売掛金元帳の千葉商店勘定に記入し、締め切りなさい。

9月10日　千葉商店に商品￥12,000を売り上げ、代金は掛けとした。
　　15日　広島商店に商品￥20,000を売り上げ、代金は掛けとした。
　　18日　千葉商店へ10日に売り上げた商品のうち￥2,000が品違いであったため返品を受けた。なお、代金は同店に対する売掛金から差し引いた。
　　25日　千葉商店に対する売掛金のうち￥70,000が、当座預金口座に振り込まれた。

売 掛 金 元 帳
千葉商店

X1年		摘　　　要	借　方	貸　方	借または貸	残　高
9	1	前月繰越	100,000		借	100,000
	10	商品売上げ				
	18	商品返品				
	25	売掛金回収				
	30	**次月繰越**				
10	1	前月繰越				

次の取引にもとづいて、答案用紙の買掛金元帳の山口商店勘定に記入し、締め切りなさい。

9月5日　山口商店から商品￥10,000を仕入れ、代金は掛けとした。
　　10日　長崎商店から商品￥14,000を仕入れ、代金は掛けとした。
　　18日　山口商店から5日に仕入れた商品のうち￥2,000が品違いであったため返品をした。なお、代金は同店に対する買掛金から差し引いた。
　　25日　山口商店に対する買掛金のうち￥68,000を小切手を振り出して支払った。

買 掛 金 元 帳
山口商店

X1年		摘　　　要	借　方	貸　方	借または貸	残　高
9	1	前月繰越		100,000	貸	100,000
	5	商品仕入				
	18	商品返品				
	25	買掛金支払				
	30	**次月繰越**				
10	1	前月繰越				

基本問題38 | 伝票①　　　　　　　　　　　　　　　　　　　　　　　　　解答……p.52

　次の取引について、答案用紙の各伝票（略式）への記入を示しなさい。なお、入金伝票・出金伝票・振替伝票の3伝票制を採用している。ただし、勘定については人名勘定を用いないこと。また、商品売買取引の処理は3分法によること。

1．山口商店より商品￥10,000を仕入れ、代金は現金で支払った。
2．千葉商店に商品￥20,000を売り上げ、代金は現金で受け取った。
3．長崎商店より商品￥14,000を仕入れ、代金は同店あての約束手形を振り出して支払った。
4．広島商店に商品￥24,000を売り上げ、代金は同店振出しの約束手形を受け取った。

1.

出 金 伝 票	
科　目	金　額

2.

入 金 伝 票	
科　目	金　額

3.

振 替 伝 票			
科　目	金　額	科　目	金　額

4.

振 替 伝 票			
科　目	金　額	科　目	金　額

基本問題39 | 伝票②　　　　　　　　　　　　　　　　　　　　　　　　　解答……p.53

　次の取引について、答案用紙の各伝票（略式）への記入を示しなさい。なお、入金伝票・出金伝票・振替伝票の3伝票制を採用している。ただし、勘定については人名勘定を用いないこと。また、商品売買取引の処理は3分法によること。

1．千葉商店に商品￥20,000を売り上げ、代金のうち￥4,000は現金で受け取り、残りは掛けとした。ただし、起票するさい、取引を現金売上と掛売上とに分解して処理する方法を用いる。
2．千葉商店に商品￥20,000を売り上げ、代金のうち￥4,000は現金で受け取り、残りは掛けとした。ただし、起票するさい、いったん全額を掛けによる売上取引として処理する方法を用いる。

1.

入 金 伝 票	
科　目	金　額

振 替 伝 票			
科　目	金　額	科　目	金　額

2.

入 金 伝 票	
科　目	金　額

振 替 伝 票			
科　目	金　額	科　目	金　額

福岡商事株式会社は、毎日の取引を入金伝票、出金伝票および振替伝票の３種類の伝票に記入し、これを１日分ずつ集計して仕訳日計表を作成し、この仕訳日計表から各関係元帳に転記している。同社のX1年５月１日の取引について作成された次の伝票（略式）にもとづいて、答案用紙の⑴仕訳日計表を作成し、⑵総勘定元帳の諸勘定に転記しなさい。

入金伝票	No. 101
売掛金（千葉商店）	160,000

出金伝票	No. 201
仕　　入	50,000

入金伝票	No. 102
売　　上	58,000

出金伝票	No. 202
旅費交通費	16,000

入金伝票	No. 103
当 座 預 金	66,000

出金伝票	No. 203
買掛金（山口商店）	78,000

入金伝票	No. 104
売　　上	156,000

出金伝票	No. 204
支 払 手 形	54,000

入金伝票	No. 105
売掛金（広島商店）	100,000

出金伝票	No. 205
当 座 預 金	122,000

入金伝票	No. 106
受 取 手 形	62,000

出金伝票	No. 206
買掛金（長崎商店）	96,000

振替伝票			No. 301
仕　　入	88,000	買掛金（山口商店）	88,000

振替伝票			No. 302
売掛金（千葉商店）	200,000	売　　上	200,000

振替伝票			No. 303
買掛金（山口商店）	40,000	支 払 手 形	40,000

振替伝票			No. 304
未 収 入 金	140,000	土　　地	144,000
固定資産売却損	4,000		

振替伝票			No. 305
受 取 手 形	30,000	売掛金（千葉商店）	30,000

振替伝票			No. 306
売　　上	6,000	売掛金（広島商店）	6,000

(1)

仕 訳 日 計 表
X1年5月1日　　　　　　　　77

借　方	元丁	勘 定 科 目	元丁	貸　方
		現　　　　　金		
		当 座 預 金		
		受 取 手 形		
		売 　掛　 金		
		未 収 入 金		
		土　　　　　地		
		支 払 手 形		
		買 　掛　 金		
		売　　　　　上		
		仕　　　　　入		
		旅 費 交 通 費		

(2)

総 勘 定 元 帳
現　　　　金　　　　　　　　1

X1年		摘　　　　要	仕丁	借　方	貸　方	借/貸	残　高
5	1	前 月 繰 越	✓	166,000		借	166,000

売　　　　上　　　　　　　　5

X1年		摘　　　　要	仕丁	借　方	貸　方	借/貸	残　高

次の諸取引にもとづいて、答案用紙の (1) X1年５月末日の合計残高試算表と、(2) 売掛金および買掛金の明細表を作成しなさい。なお、X1年５月25日時点の合計は、答案用紙の ［５月25日の合計］のとおりである。

［X1年５月26日から５月31日までの諸取引］

26日 　掛仕入：宮城商店 　￥94,000 　　　　掛売上：茨城商店 　￥260,000

　　　　給料総額￥300,000のうち、従業員への立替金￥20,000と所得税の源泉徴収額￥30,000を差し引き、手取金を当社の当座預金ＮＳ銀行口座から従業員の預金口座へ振り込んだ。

　　　　群馬商店に対する買掛金￥102,000の支払いを電子債権記録機関で行うため、取引銀行を通じて債務の発生記録を行った。

27日 　掛仕入：秋田商店 　￥170,000 　　　　掛売上：福島商店 　￥192,000

　　　　宮城商店に対する買掛金￥120,000を支払うため、当座預金ＮＳ銀行口座の小切手を振り出して支払った。

28日 　掛仕入：群馬商店 　￥70,000 　　　　掛売上：岩手商店 　￥320,000

　　　　出張中の従業員から24日に当座預金ＮＳ銀行口座へ￥180,000の振込みがあり、仮受金として処理していたが、本日従業員が出張から戻り、福島商店に対する売掛金￥140,000の回収額と、新規顧客から新たに注文を受けた商品代金の一部￥40,000を振り込んだ旨の報告を受けた。また、従業員の出張にさいし、現金￥60,000を概算払いしていた旅費の精算を行い、残額￥8,000を現金で受け取った。

29日 　休業

30日 　掛売上：岩手商店 　￥144,000

　　　　電子債権記録機関に発生記録した債務￥160,000の支払期日が到来し、当座預金ＫＦ銀行口座から引き落とされた。

　　　　秋田商店から27日に仕入れた商品の一部に品違いがあったため、￥12,000分を返品し、掛代金から差し引いた。

　　　　電子債権記録機関に発生記録した債権￥108,000の支払期日が到来し、当座預金ＫＦ銀行口座に振り込まれた。

31日 　掛仕入：群馬商店 　￥80,000

　　　　茨城商店に対して、期間３か月、利率は年８％で貸し付けた貸付金￥400,000が本日、返済期日となったため、利息とともに同店振出しの小切手で回収し、ただちに当座預金ＮＳ銀行口座に預け入れた。利息額は月割計算で計上する。

(1)

合 計 残 高 試 算 表

借	方		勘 定 科 目	貸	方	
5月31日の残高	5月31日の合計	5月25日の合計		5月25日の合計	5月31日の合計	5月31日の残高
		1,800,000	現　　　　金	1,300,000		
		2,000,000	当座預金ＮＳ銀行	1,500,000		
		600,000	当座預金ＫＦ銀行	340,000		
		1,600,000	電 子 記 録 債 権	1,000,000		
		4,000,000	売　　掛　　金	2,740,000		
320,000	320,000	320,000	繰 越 商 品			
		60,000	仮　　払　　金			
		20,000	従 業 員 立 替 金			
		900,000	貸　　付　　金	200,000		
600,000	600,000	600,000	備　　　　品			
		540,000	電 子 記 録 債 務	1,080,000		
		1,560,000	買　　掛　　金	1,960,000		
			前　　受　　金			
			仮　　受　　金	180,000		
			所 得 税 預 り 金	80,000		
			貸 倒 引 当 金	60,000	60,000	60,000
			備品減価償却累計額	200,000	200,000	200,000
			資　　本　　金	2,000,000	2,000,000	2,000,000
			繰 越 利 益 剰 余 金	400,000	400,000	400,000
			売　　　　上	4,920,000		
			受 取 利 息	40,000		
		3,080,000	仕　　　　入			
		780,000	給　　　　料			
		140,000	旅 費 交 通 費			
		18,000,000		18,000,000		

(2)

売掛金明細表

		5月25日	5月31日
茨 城 商 店	¥		¥
福 島 商 店	¥	526,000	¥
岩 手 商 店	¥	388,000	¥
	¥		¥

買掛金明細表

		5月25日	5月31日
宮 城 商 店	¥		¥
秋 田 商 店	¥	80,000	¥
群 馬 商 店	¥	156,000	¥
	¥		¥

基本問題編　解答

基本問題編　解答

基本問題01	掛仕入	問題……p. 1

1	借方科目	金額	貸方科目	金額
	仕　　　　　入	14,000	現　　　　　金	14,000

2	借方科目	金額	貸方科目	金額
	仕　　　　　入	14,000	買　　掛　　金	14,000

3	借方科目	金額	貸方科目	金額
	買　　掛　　金	14,000	現　　　　　金	14,000

基本問題02	仕入諸掛・仕入返品	問題……p. 1

1	借方科目	金額	貸方科目	金額
	仕　　　　　入	16,000	買　　掛　　金	15,600
			現　　　　　金	400

当社負担の引取運賃は付随費用なので、取得原価に含めます。
　仕入：¥15,600＋¥400＝¥16,000

2	借方科目	金額	貸方科目	金額
	買　　掛　　金	1,000	仕　　　　　入	1,000

基本問題03	掛売上・クレジットカードによる売上	問題……p. 2

1	借方科目	金額	貸方科目	金額
	現　　　　　金	20,000	売　　　　　上	20,000

2	借方科目	金額	貸方科目	金額
	売　　掛　　金	20,000	売　　　　　上	20,000

3	借方科目	金額	貸方科目	金額
	現　　　　　金	20,000	売　　掛　　金	20,000

4	借方科目	金額	貸方科目	金額
	クレジット売掛金	19,000	売　　　　　上	20,000
	支　払　手　数　料	1,000		

　支　払　手　数　料：¥20,000×5％＝¥1,000
　クレジット売掛金：¥20,000－¥1,000＝¥19,000

基本問題04	発送費・売上返品				問題……p. 2

1	借方科目	金額	貸方科目	金額
	売　掛　金	21,600	売　　　上	21,600
	発　送　費	400	現　　　金	400

※「収益認識に関する会計基準」の導入により、下記の３の出題が中心となり、本問の形での出題の可能性は低いと思われます。

2	借方科目	金額	貸方科目	金額
	売　　　上	1,000	売　掛　金	1,000

3	借方科目	金額	貸方科目	金額
	売　掛　金	204,000	売　　　上	204,000
	発　送　費	4,000	現　　　金	4,000

　得意先から送料込みの金額を受け取る場合、送料の金額も売上に含めて処理します。

　また、送料は、費用として処理します。

※ 日本商工会議所の試験出題区分表の改定のさいに、本問のような送料を売上に含める仕訳が仕訳例として公表されたため、掲載しています。

基本問題05	前払金				問題……p. 3

1	借方科目	金額	貸方科目	金額
	前　払　金	1,400	現　　　金	1,400

2	借方科目	金額	貸方科目	金額
	仕　　　入	14,000	前　払　金	1,400
			買　掛　金	12,600

　買掛金：¥14,000－¥1,400＝¥12,600

基本問題06	前受金				問題……p. 3

1	借方科目	金額	貸方科目	金額
	現　　　金	2,000	前　受　金	2,000

2	借方科目	金額	貸方科目	金額
	前　受　金	2,000	売　　　上	20,000
	売　掛　金	18,000		

　売掛金：¥20,000－¥2,000＝¥18,000

基本問題07	商品券				問題……p. 3

1	借方科目	金額	貸方科目	金額
	受　取　商　品　券	4,000	売　　　上	4,000

2	借方科目	金額	貸方科目	金額
	現　　　金	4,000	受　取　商　品　券	4,000

— 33 —

借方科目	金額	貸方科目	金額
仕　　　　　入	2,000	繰　越　商　品	2,000
繰　越　商　品	4,000	仕　　　　　入	4,000

仕　入

当期商品仕入高 ¥16,000	期末商品棚卸高 ¥4,000
	残高（売上原価） ¥14,000
期首商品棚卸高 ¥2,000	

1

借方科目	金額	貸方科目	金額
売　上　原　価	2,000	繰　越　商　品	2,000
売　上　原　価	16,000	仕　　　　　入	16,000
繰　越　商　品	4,000	売　上　原　価	4,000

売上原価

期首商品棚卸高 ¥2,000	期末商品棚卸高 ¥4,000
当期商品仕入高 ¥16,000	
	残高（売上原価） ¥14,000

2

	借方科目	金額	貸方科目	金額
1	当　座　預　金	20,000	現　　　　　金	20,000
2	仕　　　　　入	14,000	当　座　預　金	14,000
3	現　　　　　金	4,000	売　　　　　上	4,000
4	当　座　預　金	6,000	売　　　　　上	6,000
5	当　座　預　金	8,000	売　　　　　上	8,000

基本問題10　約束手形　　　　　　　　　　　　　　　問題……p.5

	借方科目	金額	貸方科目	金額
1	買　　掛　　金	10,000	支　払　手　形	10,000
2	仕　　　　　入	6,000	支　払　手　形	6,000
3	支　払　手　形	10,000	当　座　預　金	10,000
4	受　取　手　形	10,000	売　　掛　　金	10,000
5	受　取　手　形	6,000	売　　　　　上	6,000
6	当　座　預　金	10,000	受　取　手　形	10,000

基本問題11　電子記録債権　　　　　　　　　　　　　問題……p.6

	借方科目	金額	貸方科目	金額
1	買　　掛　　金	10,000	電　子　記　録　債　務	10,000
2	電　子　記　録　債　務	10,000	当　座　預　金	10,000
3	電　子　記　録　債　権	10,000	売　　掛　　金	10,000
4	当　座　預　金	10,000	電　子　記　録　債　権	10,000

1

借方科目	金額	貸方科目	金額
土　　　　地	600,000	当　座　預　金	540,000
		現　　　　金	60,000

整地費用と登記料は付随費用なので、取得原価に含めます。
　　土地：¥540,000＋¥60,000＝¥600,000

2

借方科目	金額	貸方科目	金額
建　　　　物	1,600,000	当　座　預　金	1,600,000

仲介手数料は付随費用なので、取得原価に含めます。
　　建物：¥1,500,000＋¥100,000＝¥1,600,000

3

借方科目	金額	貸方科目	金額
車　両　運　搬　具	400,000	当　座　預　金	400,000

4

借方科目	金額	貸方科目	金額
減　価　償　却　費	68,000	建物減価償却累計額	48,000
		備品減価償却累計額	20,000

　　減価償却費（建物）：¥1,600,000×0.9÷30年＝¥48,000
　　減価償却費（備品）：¥120,000÷6年＝¥20,000

1

借方科目	金額	貸方科目	金額
現　　　　金	240,000	土　　　　地	200,000
		固　定　資　産　売　却　益	40,000

　　売却価額：¥240,000
　　帳簿価額：¥200,000
　　売却損益：¥240,000－¥200,000＝¥40,000（売却益）

2

借方科目	金額	貸方科目	金額
備品減価償却累計額	20,000	備　　　　品	120,000
現　　　　金	70,000		
固　定　資　産　売　却　損	30,000		

　　売却価額：¥70,000
　　帳簿価額：¥120,000－¥20,000＝¥100,000
　　売却損益：¥70,000－¥100,000＝△¥30,000（売却損）

3

借方科目	金額	貸方科目	金額
車両運搬具減価償却累計額	160,000	車　両　運　搬　具	400,000
減　価　償　却　費	40,000	固　定　資　産　売　却　益	40,000
現　　　　金	240,000		

　　売却価額：¥240,000
　　帳簿価額：¥400,000－¥160,000－¥40,000＝¥200,000
　　売却損益：¥240,000－¥200,000＝¥40,000（売却益）

	借方科目	金額	貸方科目	金額
1	備　　　　品	500,000	未　払　金	500,000

	借方科目	金額	貸方科目	金額
2	備品減価償却累計額	20,000	備　　　　品	120,000
	未　収　入　金	70,000		
	固定資産売却損	30,000		

売却価額：¥70,000

帳簿価額：¥120,000－¥20,000＝¥100,000

売却損益：¥70,000－¥100,000＝△¥30,000（売却損）

	借方科目	金額	貸方科目	金額
3	差入保証金	400,000	当座預金	400,000

	借方科目	金額	貸方科目	金額
1	保　険　料	24,000	現　金	24,000

	借方科目	金額	貸方科目	金額
2	前払保険料	6,000	保　険　料	6,000

前払保険料：$¥24,000 \times \dfrac{3か月}{12か月} = ¥6,000$

	借方科目	金額	貸方科目	金額
3	保　険　料	6,000	前払保険料	6,000

1

借方科目	金額	貸方科目	金額
現　　　　　金	48,000	受　取　家　賃	48,000

2

借方科目	金額	貸方科目	金額
受　取　家　賃	12,000	前　受　家　賃	12,000

前受家賃：$¥48,000 × \dfrac{3か月}{12か月} = ¥12,000$

	X1年	受取		X2年
	4/1	7/1		3/31

当期（X1年4月1日〜X2年3月31日）

9か月 ／ 3か月

当期の収益 ／ 次期の収益

3

借方科目	金額	貸方科目	金額
前　受　家　賃	12,000	受　取　家　賃	12,000

1

借方科目	金額	貸方科目	金額
現　　　　　金	400,000	借　　入　　金	400,000

2

借方科目	金額	貸方科目	金額
支　払　利　息	12,000	未　払　利　息	12,000

未払利息：$¥24,000 × \dfrac{6か月}{12か月} = ¥12,000$

	X1年	借入	X2年
	4/1	10/1	3/31

当期（X1年4月1日〜X2年3月31日）

6か月

当期の費用

3

借方科目	金額	貸方科目	金額
未　払　利　息	12,000	支　払　利　息	12,000

4

借方科目	金額	貸方科目	金額
借　　入　　金	400,000	現　　　　　金	424,000
支　払　利　息	24,000		

5

借方科目	金額	貸方科目	金額
手　形　貸　付　金	100,000	当　座　預　金	100,000

	借方科目	金額	貸方科目	金額
1	貸　　付　　金	400,000	現　　　　　　金	400,000

	借方科目	金額	貸方科目	金額
2	未　収　利　息	12,000	受　取　利　息	12,000

未収利息：¥24,000 × $\dfrac{6か月}{12か月}$ ＝ ¥12,000

X1年	貸付	X2年
4/1	10/1	3/31

当期（X1年4月1日〜X2年3月31日）

6か月

当期の収益

	借方科目	金額	貸方科目	金額
3	受　取　利　息	12,000	未　収　利　息	12,000

	借方科目	金額	貸方科目	金額
4	現　　　　　　金	424,000	貸　　付　　金	400,000
			受　取　利　息	24,000

	借方科目	金額	貸方科目	金額
5	現　　　　　　金	98,000	手　形　借　入　金	100,000
	支　払　利　息	2,000		

	借方科目	金額	貸方科目	金額
1	租　税　公　課	4,000	現　　　　　　金	4,000

	借方科目	金額	貸方科目	金額
2	貯　　蔵　　品	1,000	租　税　公　課	1,000

基本問題20	仮払金・仮受金				問題……p. 13

	借方科目	金額	貸方科目	金額
1	仮　　払　　金	100,000	現　　　　　金	100,000

	借方科目	金額	貸方科目	金額
2	現　　　　　金	20,000	仮　　払　　金	100,000
	旅　費　交　通　費	80,000		

旅費交通費：¥100,000－¥20,000＝¥80,000

	借方科目	金額	貸方科目	金額
3	現　　　　　金	100,000	仮　　受　　金	100,000

	借方科目	金額	貸方科目	金額
4	仮　　受　　金	100,000	売　　掛　　金	100,000

基本問題21	損益勘定への振替、繰越利益剰余金への振替				問題……p. 13

	借方科目	金額	貸方科目	金額
1	売　　　　　上	800,000	損　　　　　益	800,000

	借方科目	金額	貸方科目	金額
2	損　　　　　益	560,000	仕　　　　　入	560,000

	借方科目	金額	貸方科目	金額
3	損　　　　　益	1,600,000	繰　越　利　益　剰　余　金	1,600,000

収益総額＞費用総額なので、損益勘定の貸方残高（当期純利益）を繰越利益剰余金勘定に振り替えます。
当期純利益：¥7,000,000－¥5,400,000＝¥1,600,000

基本問題22	法人税等				問題……p. 14

	借方科目	金額	貸方科目	金額
1	仮　払　法　人　税　等	200,000	当　座　預　金	200,000

	借方科目	金額	貸方科目	金額
2	法人税、住民税及び事業税	500,000	仮　払　法　人　税　等	200,000
			未　払　法　人　税　等	300,000

未払法人税等：¥500,000－¥200,000＝¥300,000

基本問題23	消費税		問題……p.14

1	借方科目	金額	貸方科目	金額
	仕　　　　　入	10,000	現　　　　　金	11,000
	仮 払 消 費 税	1,000		
	仮払消費税：￥10,000×10％＝￥1,000			
	現　　　　金：￥10,000＋￥1,000＝￥11,000			

2	借方科目	金額	貸方科目	金額
	現　　　　　金	22,000	売　　　　　上	20,000
			仮 受 消 費 税	2,000
	仮受消費税：￥20,000×10％＝￥2,000			
	現　　　　金：￥20,000＋￥2,000＝￥22,000			

3	借方科目	金額	貸方科目	金額
	仮 受 消 費 税	2,000	仮 払 消 費 税	1,000
			未 払 消 費 税	1,000
	未払消費税：￥2,000－￥1,000＝￥1,000			

基本問題24	現金過不足		問題……p.15

［X1年4月1日～X2年3月31日］

1	借方科目	金額	貸方科目	金額
	現 金 過 不 足	4,000	現　　　　　金	4,000
	「実際有高＜帳簿残高」の状態です。実際有高に合わせるため、現金（資産）を減らします。			
	現金（資産）の仕訳の反対側　→　現金過不足（その他）			

2	借方科目	金額	貸方科目	金額
	旅 費 交 通 費	3,000	現 金 過 不 足	3,000
	旅費交通費の記帳漏れなので、旅費交通費（費用）が増えます。			
	旅費交通費の仕訳の反対側　→　現金過不足（その他）			

3	借方科目	金額	貸方科目	金額
	雑　　　　　損	1,000	現 金 過 不 足	1,000
	現金過不足が借方残高なので、雑損（費用）に振り替えます。			

［X2年4月1日～X3年3月31日］

4	借方科目	金額	貸方科目	金額
	現　　　　　金	4,000	現 金 過 不 足	4,000
	「実際有高＞帳簿残高」の状態です。実際有高に合わせるため、現金（資産）を増やします。			
	現金（資産）の仕訳の反対側　→　現金過不足（その他）			

5	借方科目	金額	貸方科目	金額
	現 金 過 不 足	3,000	受 取 家 賃	3,000
	受取家賃の記帳漏れなので、受取家賃（収益）が増えます。			
	受取家賃の仕訳の反対側　→　現金過不足（その他）			

6	借方科目	金額	貸方科目	金額
	現 金 過 不 足	1,000	雑　　　　　益	1,000
	現金過不足が貸方残高なので、雑益（収益）に振り替えます。			

| | 基本問題25 | 剰余金の配当 | | | 問題……p.16 |

	借方科目	金額	貸方科目	金額
1	繰 越 利 益 剰 余 金	110,000	未 払 配 当 金	100,000
			利 益 準 備 金	10,000

| | 基本問題26 | 立替金・預り金 | | | 問題……p.16 |

	借方科目	金額	貸方科目	金額
1	従 業 員 立 替 金	14,000	現　　　　　金	14,000

	借方科目	金額	貸方科目	金額
2	給　　　　　料	300,000	所 得 税 預 り 金	6,000
			社 会 保 険 料 預 り 金	2,400
			従 業 員 立 替 金	14,000
			現　　　　　金	277,600

現金：¥300,000－¥6,000－¥2,400－¥14,000＝¥277,600

	借方科目	金額	貸方科目	金額
3	所 得 税 預 り 金	6,000	現　　　　　金	6,000

	借方科目	金額	貸方科目	金額
4	社 会 保 険 料 預 り 金	2,400	現　　　　　金	4,800
	法 定 福 利 費	2,400		

| | 基本問題27 | 貸倒れの処理 | | | 問題……p.17 |

	借方科目	金額	貸方科目	金額
1	貸 倒 引 当 金 繰 入	4,000	貸 倒 引 当 金	4,000

設定額：¥500,000×2％＝¥10,000

繰入額：¥10,000－¥6,000＝¥4,000

	借方科目	金額	貸方科目	金額
2	貸 倒 引 当 金	6,000	売 　 掛 　 金	6,000

	借方科目	金額	貸方科目	金額
3	貸 倒 引 当 金	10,000	売 　 掛 　 金	12,000
	貸 倒 損 失	2,000		

貸倒引当金の残高を超える貸倒れの金額は、貸倒損失（費用）で処理します。

　貸倒損失：¥12,000－¥10,000＝¥2,000

	借方科目	金額	貸方科目	金額
4	貸 倒 損 失	4,000	売 　 掛 　 金	4,000

当期に発生した売掛金については、まだ貸倒引当金を設定していないので、貸倒損失（費用）で処理します。

	借方科目	金額	貸方科目	金額
5	当 座 預 金	6,000	償 却 債 権 取 立 益	6,000

償却済みの債権を回収した場合、償却債権取立益（収益）で処理します。

借方科目	金額	貸方科目	金額
現　　　　　金	20,000	売　　　　　上	20,000

1

誤った仕訳を考えます。

（　売　　　　上　）　10,000　（　現　　　　金　）　10,000

① 誤った仕訳の貸借逆仕訳

（　現　　　　金　）　10,000　（　売　　　　上　）　10,000

② 正しい仕訳

（　現　　　　金　）　10,000　（　売　　　　上　）　10,000

③ ①と②の2つの仕訳を合算・相殺（訂正仕訳）

（　**現　　　　金**　）　**20,000**　（　**売　　　　上**　）　**20,000**

借方科目	金額	貸方科目	金額
現　　　　　金	9,000	売　　　　　上	9,000

2

誤った仕訳を考えます。

（　現　　　　金　）　1,000　（　売　　　　上　）　1,000

① 誤った仕訳の貸借逆仕訳

（　売　　　　上　）　1,000　（　現　　　　金　）　1,000

② 正しい仕訳

（　現　　　　金　）　10,000　（　売　　　　上　）　10,000

③ ①と②の2つの仕訳を合算・相殺（訂正仕訳）

（　**現　　　　金**　）　**9,000**　（　**売　　　　上**　）　**9,000**

借方科目	金額	貸方科目	金額
売　　　　　上	10,000	売　掛　金	10,000

3

誤った仕訳を考えます。

（　現　　　　金　）　10,000　（　売　　　　上　）　10,000

① 誤った仕訳の貸借逆仕訳

（　売　　　　上　）　10,000　（　現　　　　金　）　10,000

② 正しい仕訳

（　現　　　　金　）　10,000　（　売　掛　金　）　10,000

③ ①と②の2つの仕訳を合算・相殺（訂正仕訳）

（　**売　　　　上**　）　**10,000**　（　**売　掛　金**　）　**10,000**

1	借方科目	金額	貸方科目	金額
	小　口　現　金	20,000	当　座　預　金	20,000

2	借方科目	金額	貸方科目	金額
	水　道　光　熱　費	10,000	小　口　現　金	16,000
	雑　　　　　　費	6,000		

3	借方科目	金額	貸方科目	金額
	消　耗　品　費	8,000	当　座　預　金	12,000
	雑　　　　　　費	4,000		

現　　金　　　　　　　1

X1年		摘　　要	仕丁	借　方	X1年		摘　　要	仕丁	貸　方
4	1	前 期 繰 越	✓	200,000	7	10	建　　物	1	160,000
7	2	借 入 金	1	40,000					
	15	売　　上	〃	6,000					

売　掛　金　　　　　　　2

X1年		摘　　要	仕丁	借　方	X1年		摘　　要	仕丁	貸　方
7	15	売　　上	1	14,000					

建　　物　　　　　　　3

X1年		摘　　要	仕丁	借　方	X1年		摘　　要	仕丁	貸　方
7	10	現　　金	1	160,000					

借　入　金　　　　　　　4

X1年		摘　　要	仕丁	借　方	X1年		摘　　要	仕丁	貸　方
					7	2	現　　金	1	40,000

売　　上　　　　　　　5

X1年		摘　　要	仕丁	借　方	X1年		摘　　要	仕丁	貸　方
					7	15	諸　　口	1	20,000

仕訳帳の元丁欄には、総勘定元帳の元帳番号が記入されます。

仕　訳　帳　　　　　　　1

X1年		摘　　　要	元丁	借　方	貸　方
7	2	（現　　　　金）	1	40,000	
		（借　入　金）	4		40,000
	10	（建　　　　物）	3	160,000	
		（現　　　金）	1		160,000
	15	諸　　口 （売　　　上）	5		20,000
		（現　　　　金）	1	6,000	
		（売　掛　金）	2	14,000	

— 45 —

現 金 出 納 帳

X1年		摘　　　要	収　入	支　出	残　高
8	1	前月繰越	200,000		200,000
	8	千葉商店へ売上	20,000		220,000
	10	山口商店の買掛金支払い		14,000	206,000
	31	**次月繰越**		206,000	
			220,000	220,000	
9	1	前月繰越	206,000		206,000

当座預金出納帳

X1年		摘　　　要	預　入	引　出	借または貸	残　高
8	1	前月繰越	200,000		借	200,000
	9	山口商店より仕入		14,000	〃	186,000
	15	千葉商店の売掛金回収	20,000		〃	206,000
	31	**次月繰越**		206,000		
			220,000	220,000		
9	1	前月繰越	206,000		借	206,000

現金出納帳への記入

8月8日　現金の増加

（　現　　　　金　）　　20,000　　（　売　　　　上　）　　20,000

8月10日　現金の減少

（　買　　掛　　金　）　　14,000　　（　現　　　　金　）　　14,000

当座預金出納帳への記入

8月9日　当座預金の減少

（　仕　　　　入　）　　14,000　　（　当　座　預　金　）　　14,000

8月15日　当座預金の増加

（　当　座　預　金　）　　20,000　　（　売　　掛　　金　）　　20,000

問1

小口現金出納帳

受　入	X1年		摘　　要	支　払	内　訳		
					通信費	交通費	雑　費
40,000	7	1	前　週　繰　越				
		2	茶　菓　代	6,000			6,000
		4	携　帯　電　話　代	20,000	20,000		
		5	タ　ク　シ　ー　代	4,000		4,000	
			合　　計	30,000	20,000	4,000	6,000
30,000		5	小　切　手　補　給				
		〃	次　週　繰　越	40,000			
70,000				70,000			
40,000	7	8	前　週　繰　越				

問2

小口現金出納帳

受　入	X1年		摘　　要	支　払	内　訳		
					通信費	交通費	雑　費
24,000	7	1	前　週　繰　越				
16,000		〃	小　切　手　補　給				
		2	茶　菓　代	6,000			6,000
		4	携　帯　電　話　代	20,000	20,000		
		5	タ　ク　シ　ー　代	4,000		4,000	
			合　　計	30,000	20,000	4,000	6,000
		5	次　週　繰　越	10,000			
40,000				40,000			
10,000	7	8	前　週　繰　越				
30,000		〃	小　切　手　補　給				

　問1は週末補給、問2は翌週補給です。補給のタイミングに注意しましょう。
　茶菓代 … 雑費　　　携帯電話代 … 通信費　　　タクシー代 … 交通費

「週末補給」の場合と「翌週補給」の場合では、小口現金出納帳の記入方法が異なります。
　問1は「週末補給」のため、週末に使った金額だけ補給され、摘要欄の次週繰越は常に一定額(本問では¥40,000)となります。
　問2は「翌週補給」のため、摘要欄の次週繰越は週末の残額となります。

1	7月2日			
	借方科目	金額	貸方科目	金額
	仕　　　　　入	14,000	現　　　　　金	14,000

2	7月6日			
	借方科目	金額	貸方科目	金額
	現　　　　　金	10,000	売　　　　　上	10,000

3	7月10日			
	借方科目	金額	貸方科目	金額
	売　　掛　　金	50,000	売　　　　　上	50,000

4	7月14日			
	借方科目	金額	貸方科目	金額
	仕　　　　　入	70,000	買　　掛　　金	70,000

5	7月15日			
	借方科目	金額	貸方科目	金額
	売　　　　　上	6,000	売　　掛　　金	6,000

6	7月25日			
	借方科目	金額	貸方科目	金額
	買　　掛　　金	8,400	仕　　　　　入	8,400

売上帳は売上取引（7/6、7/10）、売上返品取引（7/15）を記入します。

仕入帳は仕入取引（7/2、7/14）、仕入返品取引（7/25）を記入します。

問題……p.24

問1

基本問題編 解答

商 品 有 高 帳

（先入先出法） 商品A

X1年		摘 要	受 入			払 出			残 高		
			数量	単価	金 額	数量	単価	金 額	数量	単価	金 額
8	1	前月繰越	10	420	4,200				10	420	4,200
	5	仕 入	40	400	16,000				10	420	4,200
									40	400	16,000
	15	売 上				10	420	4,200			
						10	400	4,000	30	400	12,000
	20	仕 入	30	440	13,200				30	400	12,000
									30	440	13,200
	30	売 上				30	400	12,000			
						10	440	4,400	20	440	8,800
	31	次月繰越				20	440	8,800			
			80	—	33,400	80	—	33,400			
9	1	前月繰越	20	440	8,800				20	440	8,800

問2

商 品 有 高 帳

（移動平均法） 商品A

X1年		摘 要	受 入			払 出			残 高		
			数量	単価	金 額	数量	単価	金 額	数量	単価	金 額
8	1	前月繰越	10	420	4,200				10	420	4,200
	5	仕 入	40	400	16,000				50	404	20,200
	15	売 上				20	404	8,080	30	404	12,120
	20	仕 入	30	440	13,200				60	422	25,320
	30	売 上				40	422	16,880	20	422	8,440
	31	次月繰越				20	422	8,440			
			80	—	33,400	80	—	33,400			
9	1	前月繰越	20	422	8,440				20	422	8,440

8月5日時点の平均単価

$$\frac{¥4,200 + ¥16,000}{10個 + 40個} = @¥404$$

8月20日時点の平均単価

$$\frac{¥12,120 + ¥13,200}{30個 + 30個} = @¥422$$

1	4月8日			
	借方科目	金額	貸方科目	金額
	受 取 手 形	6,000	売 上	6,000

2	6月30日			
	借方科目	金額	貸方科目	金額
	当 座 預 金	6,000	受 取 手 形	6,000

3	7月3日			
	借方科目	金額	貸方科目	金額
	受 取 手 形	10,000	売 掛 金	10,000

4	8月10日			
	借方科目	金額	貸方科目	金額
	仕 入	6,000	支 払 手 形	6,000

5	10月15日			
	借方科目	金額	貸方科目	金額
	買 掛 金	10,000	支 払 手 形	10,000

6	10月31日			
	借方科目	金額	貸方科目	金額
	支 払 手 形	6,000	当 座 預 金	6,000

売 掛 金 元 帳
千葉商店

X1年		摘　　　要	借　方	貸　方	借または貸	残　高
9	1	前月繰越	100,000		借	100,000
	10	商品売上げ	12,000		〃	112,000
	18	商品返品		2,000	〃	110,000
	25	売掛金回収		70,000	〃	40,000
	30	次月繰越		40,000		
			112,000	112,000		
10	1	前月繰越	40,000		借	40,000

9月10日

（ 売掛金・千葉 ）　　12,000　　（ 売　　　　上 ）　　12,000

9月15日　広島商店に対する売掛金は、千葉商店に対する売掛金元帳には記入しません。

（ 売掛金・広島 ）　　20,000　　（ 売　　　　上 ）　　20,000

9月18日

（　売　　　　　　上　）　　2,000　　（　**売 掛 金・千 葉**　）　　2,000

9月25日

（　当 座 預 金　）　　70,000　　（　**売 掛 金・千 葉**　）　　70,000

基本問題37　買掛金元帳　　　　　　　　　　　　　　　　　　　　　　　問題……p.26

買 掛 金 元 帳
山口商店

X1年		摘　　　要	借　方	貸　方	借または貸	残　高
9	1	前月繰越		100,000	貸	100,000
	5	商品仕入		10,000	〃	110,000
	18	商品返品	2,000		〃	108,000
	25	買掛金支払	68,000		〃	40,000
	30	**次月繰越**	40,000			
			110,000	110,000		
10	1	前月繰越		40,000	貸	40,000

9月5日

（　仕　　　　　　入　）　　10,000　　（　**買 掛 金・山 口**　）　　10,000

9月10日　長崎商店に対する買掛金は、山口商店に対する買掛金元帳には記入しません。

（　仕　　　　　　入　）　　14,000　　（　買 掛 金・長 崎　）　　14,000

9月18日

（　**買 掛 金・山 口**　）　　2,000　　（　仕　　　　　　入　）　　2,000

9月25日

（　**買 掛 金・山 口**　）　　68,000　　（　当 座 預 金　）　　68,000

1.

出 金 伝 票	
科　　目	金　額
仕　　　入	10,000

2.

入 金 伝 票	
科　　目	金　額
売　　　上	20,000

3.

振　替　伝　票			
科　　目	金　額	科　　目	金　額
仕　　　入	14,000	支 払 手 形	14,000

4.

振　替　伝　票			
科　　目	金　額	科　　目	金　額
受 取 手 形	24,000	売　　　上	24,000

1.出金伝票（現金仕入）

（仕　　　　　入）　　　10,000　　　（**現　　　　　金**）　　　10,000

2.入金伝票（現金売上）

（**現　　　　　金**）　　　20,000　　　（売　　　　　上）　　　20,000

3.振替伝票（手形仕入）

（仕　　　　　入）　　　14,000　　　（支 払 手 形）　　　14,000

4.振替伝票（手形売上）

（受 取 手 形）　　　24,000　　　（売　　　　　上）　　　24,000

1.

入　金　伝　票	
科　　目	金　　額
売　　上	4,000

振　替　伝　票			
科　　目	金　　額	科　　目	金　　額
売　掛　金	16,000	売　　上	16,000

問題文の指示により、現金売上取引と掛売上取引に分解して起票します。

入金伝票

（現　　　　金）　　4,000　　（売　　　　上）　　4,000

振替伝票

（売　掛　金）　　16,000　　（売　　　　上）　　16,000

2.

入　金　伝　票	
科　　目	金　　額
売　掛　金	4,000

振　替　伝　票			
科　　目	金　　額	科　　目	金　　額
売　掛　金	20,000	売　　上	20,000

　問題文の指示により、いったんすべて掛売上取引が行われ、ただちに売掛金の一部を現金で回収したとみなして起票します。

振替伝票

（売　掛　金）　　20,000　　（売　　　　上）　　20,000

入金伝票

（現　　　　金）　　4,000　　（売　掛　金）　　4,000

(1)

仕 訳 日 計 表

X1年5月1日　　　　　　　　　　　　77

借　方	元丁	勘 定 科 目	元丁	貸　方
602,000	1	現　　　　　金	1	416,000
122,000		当 座 預 金		66,000
30,000		受 取 手 形		62,000
200,000		売 掛 金		296,000
140,000		未 収 入 金		
		土　　　　　地		144,000
54,000		支 払 手 形		40,000
214,000		買 掛 金		88,000
6,000	5	売　　　　　上	5	414,000
138,000		仕　　　　　入		
16,000		旅 費 交 通 費		
4,000		固定資産売却損		
1,526,000				1,526,000

(2)

総 勘 定 元 帳

現　　　金　　　　　　　　　　1

X1年		摘　　　要	仕丁	借　方	貸　方	借/貸	残　高
5	1	前 月 繰 越	✓	166,000		借	166,000
	〃	仕 訳 日 計 表	77	602,000		〃	768,000
	〃	〃	〃		416,000	〃	352,000

売　　　上　　　　　　　　　　5

X1年		摘　　　要	仕丁	借　方	貸　方	借/貸	残　高
5	1	仕 訳 日 計 表	77		414,000	貸	414,000
	〃	〃	〃	6,000		〃	408,000

Ｔフォームを使って集計し、仕訳日計表を作成しましょう。そして、仕訳日計表から総勘定元帳に合計転記します。

現	金
160,000	50,000
58,000	16,000
66,000	78,000
156,000	54,000
100,000	122,000
62,000	96,000

当座預金	
122,000	66,000

受取手形	
30,000	62,000

売 掛 金	
200,000	160,000
	100,000
	30,000
	6,000

未収入金	
140,000	

土 地	
	144,000

支払手形	
54,000	40,000

買 掛 金	
78,000	88,000
96,000	
40,000	

売 上	
6,000	58,000
	156,000
	200,000

仕 入	
50,000	
88,000	

旅費交通費	
16,000	

固定資産売却損	
4,000	

(1)

合 計 残 高 試 算 表

借方			勘定科目	貸方		
5月31日の残高	5月31日の合計	5月25日の合計		5月25日の合計	5月31日の合計	5月31日の残高
508,000	1,808,000	1,800,000	現　　　　金	1,300,000	1,300,000	
538,000	2,408,000	2,000,000	当座預金NS銀行	1,500,000	1,870,000	
208,000	708,000	600,000	当座預金KF銀行	340,000	500,000	
492,000	1,600,000	1,600,000	電子記録債権	1,000,000	1,108,000	
2,036,000	4,916,000	4,000,000	売　　掛　　金	2,740,000	2,880,000	
320,000	320,000	320,000	繰　越　商　品			
	60,000	60,000	仮　　払　　金		60,000	
	20,000	20,000	従業員立替金		20,000	
300,000	900,000	900,000	貸　　付　　金	200,000	600,000	
600,000	600,000	600,000	備　　　　品			
	700,000	540,000	電子記録債務	1,080,000	1,182,000	482,000
	1,794,000	1,560,000	買　　掛　　金	1,960,000	2,374,000	580,000
			前　　受　　金		40,000	40,000
	180,000		仮　　受　　金	180,000	180,000	
			所得税預り金	80,000	110,000	110,000
			貸倒引当金	60,000	60,000	60,000
			備品減価償却累計額	200,000	200,000	200,000
			資　　本　　金	2,000,000	2,000,000	2,000,000
			繰越利益剰余金	400,000	400,000	400,000
			売　　　　上	4,920,000	5,836,000	5,836,000
			受　取　利　息	40,000	48,000	48,000
3,482,000	3,494,000	3,080,000	仕　　　　入		12,000	
1,080,000	1,080,000	780,000	給　　　　料			
192,000	192,000	140,000	旅　費　交　通　費			
9,756,000	20,780,000	18,000,000		18,000,000	20,780,000	9,756,000

(2)

売掛金明細表			買掛金明細表		
	5月25日	5月31日		5月25日	5月31日
茨城商店	¥ 346,000	¥ 606,000	宮城商店	¥ 164,000	¥ 138,000
福島商店	¥ 526,000	¥ 578,000	秋田商店	¥ 80,000	¥ 238,000
岩手商店	¥ 388,000	¥ 852,000	群馬商店	¥ 156,000	¥ 204,000
	¥ 1,260,000	¥ 2,036,000		¥ 400,000	¥ 580,000

　試算表に対する理解や、試算表上の残高を求める問題について、本問で練習して理解しておきましょう。また、売掛金勘定残高と、売掛金明細表の合計金額が一致することを理解し、それに基づいた問題も解けるようにしておきましょう（買掛金勘定残高と、買掛金明細表についても同様です）。

(2)の売掛金明細表の5月25日の空欄は、合計金額は売掛金勘定残高と同じになるので、5月25日の合計の貸借差額から残高を求めて金額を記入し、茨城商店の売掛金残高は差額で求めます。

　商店ごとに売掛金を集計する必要があるため、仕訳のさいに「売掛金・○○」と、商店名を付しておくと解答しやすくなります（買掛金明細表の解答の仕方についても売掛金と同じように解いていきます）。

26日　掛仕入

（仕　　　入）	94,000	（買 掛 金・宮 城）	94,000

掛売上

（売 掛 金・茨 城）	260,000	（売　　　　　上）	260,000

給料の支払い

（給　　　料）	300,000	（従 業 員 立 替 金）	20,000
		（所 得 税 預 り 金）	30,000
		（当座預金NS銀行）	250,000

電子記録債務の発生

（買 掛 金・群 馬）	102,000	（電 子 記 録 債 務）	102,000

27日　掛仕入

（仕　　　入）	170,000	（買 掛 金・秋 田）	170,000

掛売上

（売 掛 金・福 島）	192,000	（売　　　　　上）	192,000

買掛金の決済

（買 掛 金・宮 城）	120,000	（当座預金NS銀行）	120,000

28日　掛仕入

（仕　　　入）	70,000	（買 掛 金・群 馬）	70,000

掛売上

（売 掛 金・岩 手）	320,000	（売　　　　　上）	320,000

仮受金の内容判明

（仮 受 金）	180,000	（売 掛 金・福 島）	140,000
		（前 受 金）	40,000

仮払金の精算

（旅 費 交 通 費）	52,000	（仮 払 金）	60,000
（現 金）	8,000		

29日　休　業

30日　掛売上

（売 掛 金・岩 手）	144,000	（売　　　　　上）	144,000

電子記録債務の決済

（電 子 記 録 債 務）	160,000	（当座預金KF銀行）	160,000

掛仕入戻し

（買 掛 金・秋 田）	12,000	（仕　　　入）	12,000

電子記録債権の決済

（当座預金KF銀行）	108,000	（電 子 記 録 債 権）	108,000

31日　掛仕入

（仕　　　入）	80,000	（買 掛 金・群 馬）	80,000

貸付金の回収

（当座預金NS銀行）	408,000	（貸 付 金）	400,000
		（受 取 利 息）	8,000

受取利息：¥400,000×8％× $\dfrac{3か月}{12か月}$ ＝¥8,000

茨城商店			
25日	346,000		
26日	260,000		
合計	606,000	合計	0
		残高	606,000

福島商店			
25日	526,000	28日	140,000
27日	192,000		
合計	718,000	合計	140,000
		残高	578,000

岩手商店			
25日	388,000		
28日	320,000		
30日	144,000		
合計	852,000	合計	0
		残高	852,000

5月31日の商店ごとの売掛金残高の合計と、5月31日の売掛金勘定残高は同じになります。

￥606,000＋￥578,000＋￥852,000＝￥2,036,000

宮城商店			
27日	120,000	25日	164,000
		26日	94,000
合計	120,000	合計	258,000
残高	138,000		

秋田商店			
30日	12,000	25日	80,000
		27日	170,000
合計	12,000	合計	250,000
残高	238,000		

群馬商店			
26日	102,000	25日	156,000
		28日	70,000
		31日	80,000
合計	102,000	合計	306,000
残高	204,000		

5月31日の商店ごとの買掛金残高の合計と、5月31日の買掛金勘定残高は同じになります。

￥138,000＋￥238,000＋￥204,000＝￥580,000

$\cdots\cdots$ Memorandum Sheet $\cdots\cdots$

第1回　解答・解説

第1問（45点）　＊ 勘定科目は**記号での解答**となります。参考として、勘定科目も記入しています。

	借方科目		金額	貸方科目		金額
1	前　受　金	エ	16,000	売　　　　上	オ	171,200
	売　掛　金	イ	155,200			
	発　送　費	カ	2,000	現　　　　金	ア	2,000

売掛金：¥171,200－¥16,000＝¥155,200

Point
受け取った手付金は「前受金」で処理しています。商品を引き渡したときに「売上」を計上し、「前受金」を減らします。

	借方科目		金額	貸方科目		金額
2	仕　　　　入	カ	81,200	前　払　金	ウ	16,000
				買　掛　金	エ	64,000
				現　　　　金	ア	1,200

前払金：¥80,000×20％＝¥16,000
買掛金：¥80,000－¥16,000＝¥64,000
仕　入：¥80,000＋¥1,200＝¥81,200

Point
引取運賃は当社負担なので、付随費用として仕入原価に含めます。

	借方科目		金額	貸方科目		金額
3	貸倒引当金	ウ	20,000	売　掛　金	ア	52,000
	貸　倒　損　失	カ	32,000			

貸倒損失：¥52,000－¥20,000＝¥32,000

Point
貸倒引当金の残高を超える貸倒額は、「貸倒損失」で処理します。

	借方科目		金額	貸方科目		金額
4	仕　　　　入	カ	484,000	買　掛　金	ウ	480,000
				現　　　　金	ア	4,000

仕入：¥480,000＋¥4,000＝¥484,000

Point
当社は自動車販売業を営んでいて、販売目的の中古自動車の購入なので、商品の仕入れとなります。

	借方科目		金額	貸方科目		金額
5	備　　　　品	ウ	1,650,000	仮　払　金	ア	1,650,000

Point
配送料・セッティング作業の代金は、付随費用として備品の取得原価に含めます。

	借方科目		金額	貸方科目		金額
6	売　　　　上	オ	28,800	売　掛　金	ア	28,800

売上：＠¥480×60個＝¥28,800

Point
売上返品なので、売上時の仕訳と貸借逆仕訳となります。

	借方科目		金額	貸方科目		金額
7	普　通　預　金	イ	20,000	償却債権取立益	オ	20,000

Point
償却済みの債権を回収したときは、「償却債権取立益（収益）」で処理します。

<table>
<tr>
<td rowspan="2">8</td>
<td colspan="4">
<table>
<tr><td>借方科目</td><td>金額</td><td>貸方科目</td><td>金額</td></tr>
<tr><td>旅 費 交 通 費　エ</td><td>32,000</td><td>当 座 預 金　イ</td><td>46,000</td></tr>
<tr><td>消 耗 品 費　オ</td><td>14,000</td><td></td><td></td></tr>
</table>
当座預金：¥32,000＋¥14,000＝¥46,000
</td>
<td>Point
定額資金前渡制では、小口現金係から支払明細について報告を受けたときに、各種経費を計上します。
また、「ただちに」とあるので、小口現金を使わずに「当座預金」を減らします。</td>
</tr>
</table>

<table>
<tr>
<td>9</td>
<td>
<table>
<tr><td>借方科目</td><td>金額</td><td>貸方科目</td><td>金額</td></tr>
<tr><td>広 告 宣 伝 費　エ</td><td>14,000</td><td>普 通 預 金　イ</td><td>14,300</td></tr>
<tr><td>支 払 手 数 料　カ</td><td>300</td><td></td><td></td></tr>
</table>
普通預金：¥14,000＋¥300＝¥14,300
</td>
<td>Point
振込手数料は「支払手数料」で処理します。</td>
</tr>
</table>

<table>
<tr>
<td>10</td>
<td>
<table>
<tr><td>借方科目</td><td>金額</td><td>貸方科目</td><td>金額</td></tr>
<tr><td>消 耗 品 費　カ</td><td>4,000</td><td>未 払 金　オ</td><td>164,000</td></tr>
<tr><td>備 品　ウ</td><td>160,000</td><td></td><td></td></tr>
</table>
</td>
<td>Point
営業目的（商品売買）以外の未払いとなるので、「未払金」で処理します。</td>
</tr>
</table>

<table>
<tr>
<td>11</td>
<td>
<table>
<tr><td>借方科目</td><td>金額</td><td>貸方科目</td><td>金額</td></tr>
<tr><td>旅 費 交 通 費　ウ</td><td>12,000</td><td>現 金 過 不 足　カ</td><td>8,000</td></tr>
<tr><td>雑 損　オ</td><td>3,200</td><td>受 取 手 数 料　ア</td><td>7,200</td></tr>
</table>
</td>
<td>Point
貸借差額を借方に計上する場合、「雑損」で処理します。</td>
</tr>
</table>

<table>
<tr>
<td>12</td>
<td>
<table>
<tr><td>借方科目</td><td>金額</td><td>貸方科目</td><td>金額</td></tr>
<tr><td>備品減価償却累計額　エ</td><td>224,000</td><td>備 品　イ</td><td>280,000</td></tr>
<tr><td>未 収 入 金　ア</td><td>8,000</td><td></td><td></td></tr>
<tr><td>固 定 資 産 売 却 損　カ</td><td>48,000</td><td></td><td></td></tr>
</table>
売却価額：¥8,000
帳簿価額：¥280,000－¥224,000＝¥56,000
売却損益：¥8,000－¥56,000＝△¥48,000（損）
</td>
<td>Point
帳簿価額＝取得原価－減価償却累計額

売却価額－帳簿価額
　＋の場合　→　売却益
　－の場合　→　売却損</td>
</tr>
</table>

<table>
<tr>
<td>13</td>
<td>
<table>
<tr><td>借方科目</td><td>金額</td><td>貸方科目</td><td>金額</td></tr>
<tr><td>土 地　エ</td><td>60,000</td><td>現 金　ア</td><td>60,000</td></tr>
</table>
</td>
<td>Point
土地の整地費用は、付随費用として土地の取得原価に含めます。</td>
</tr>
</table>

<table>
<tr>
<td>14</td>
<td>
<table>
<tr><td>借方科目</td><td>金額</td><td>貸方科目</td><td>金額</td></tr>
<tr><td>租 税 公 課　オ</td><td>24,000</td><td>現 金　ア</td><td>24,000</td></tr>
</table>
</td>
<td>Point
固定資産税は「租税公課」で処理します。</td>
</tr>
</table>

<table>
<tr>
<td>15</td>
<td>
<table>
<tr><td>借方科目</td><td>金額</td><td>貸方科目</td><td>金額</td></tr>
<tr><td>売 掛 金　ウ</td><td>35,200</td><td>売 上　カ</td><td>32,000</td></tr>
<tr><td></td><td></td><td>仮 受 消 費 税　オ</td><td>3,200</td></tr>
</table>
売上：¥20,000＋¥12,000＝¥32,000
</td>
<td>Point
税抜方式で記帳するので、売上は消費税を除いた金額となります。</td>
</tr>
</table>

仕訳1組につき3点　合計45点

第1回

第2問（20点）
問1
(1)

商 品 有 高 帳
X 商 品

（移動平均法）

X1年		摘 要	受 入			払 出			残 高		
			数量	単価	金 額	数量	単価	金 額	数量	単価	金 額
6	1	前 月 繰 越	40	540	21,600				40	540	21,600
	8	仕　　入	160	490	78,400				200	500	100,000
	11	売　　上				80	500	40,000	120	500	60,000
	18	仕　　入	280	480	134,400				400	486	194,400
	25	売　　上				220	486	106,920	180	486	87,480
	27	売 上 返 品	20	486	9,720				200	486	97,200

(2)

純 売 上 高	売 上 原 価	売 上 総 利 益
¥ 270,400	¥ 137,200	¥ 133,200

■ 1つにつき2点　合計10点

解説

(1) **商品有高帳の作成（移動平均法）**

6月1日　摘要欄　前月繰越
　　　　　受入欄　40個×@¥540＝¥21,600
　　　　　残高欄　40個×@¥540＝¥21,600

　　8日　摘要欄　仕入
　　　　　受入欄　160個×@¥490＝¥78,400
　　　　　残高欄　200個×@¥500*＝¥100,000

　　　　　*　平均単価：$\dfrac{¥21,600＋¥78,400}{40個＋160個}＝@¥500$

　11日　摘要欄　売上（80個×@¥980＝¥78,400）… A
　　　　　払出欄　80個×@¥500＝¥40,000（売上原価）… a
　　　　　残高欄　120個×@¥500＝¥60,000

　18日　摘要欄　仕入
　　　　　受入欄　280個×@¥480＝¥134,400
　　　　　残高欄　400個×@¥486*＝¥194,400

　　　　　*　平均単価：$\dfrac{¥60,000＋¥134,400}{120個＋280個}＝@¥486$

　25日　摘要欄　売上（220個×@¥960＝¥211,200）… B
　　　　　払出欄　220個×@¥486＝¥106,920（売上原価）… b
　　　　　残高欄　180個×@¥486＝¥87,480

　27日　摘要欄　売上返品（△20個×@¥960＝△¥19,200）… C
　　　　　受入欄　20個×@¥486＝¥9,720（売上原価のマイナス）… c
　　　　　残高欄　200個×@¥486＝¥97,200

(2)

純 売 上 高 … ①
　A　¥ 78,400
　B　¥211,200
　C　△¥ 19,200
　　　¥270,400

売 上 原 価 … ②
　a　¥ 40,000
　b　¥106,920
　c　△¥ 9,720
　　　¥137,200

売 上 総 利 益
　①　¥270,400
　②　－¥137,200
　　　¥133,200

問2

1	財務諸表のうち、企業の一時点における財政状態を明らかにする表を ⑥ （貸借対照表）といい、一定期間における経営成績を明らかにする表を ① （損益計算書）という。	
2	貸倒引当金は、受取手形や売掛金に対する ② （評価）勘定である。	
3	得意先元帳とは、得意先ごとの売掛金の増減を記録する ③ （補助元帳）である。	
4	決算整理後の各勘定の残高を一覧にした表のことを ⑩ （決算整理後残高試算表）という。	

　1つにつき2点　合計10点

解 説

1．**貸借対照表**は企業の一時点における財政状態を明らかにするものであり、資産、負債および資本（純資産）の状況を示します。また、**損益計算書**は一定期間における経営成績を明らかにするものであり、収益および費用の状況を示します。

2．**評価勘定**は、「資産のマイナス」として貸方に計上される勘定です。貸倒引当金は、受取手形や売掛金の貸倒見積額を示すことになります。

3．特定の勘定の明細を記録するための帳簿を**補助元帳**、特定の取引の明細を記録するための帳簿を**補助記入帳**といいます。

　　得意先元帳（売掛金元帳ともいう）は、得意先ごとの売掛金の内訳を記入するものなので、総勘定元帳の売掛金勘定の残高と、得意先元帳における、得意先ごとの売掛金残高の合計は、必ず一致します（買掛金勘定と仕入先元帳の関係も同様）。総勘定元帳の売掛金勘定、買掛金勘定のように、補助元帳の大元となっている勘定のことを**統制勘定**といいます。

4．**決算整理後残高試算表**は、決算整理後の各勘定の残高を一覧にした試算表です。なお、精算表においては、（決算整理**前**）残高試算表欄の金額に、修正記入欄の金額を加減した金額が、決算整理後の各勘定の残高となります。決算整理後の各勘定の残高を、損益計算書欄および貸借対照表欄に記入することになります。

第3問 (35点)

精算表

勘定科目	残高試算表 借方	残高試算表 貸方	修正記入 借方	修正記入 貸方	損益計算書 借方	損益計算書 貸方	貸借対照表 借方	貸借対照表 貸方
① 現　　　　金	284,000		6,000				290,000	
② 普　通　預　金	1,072,000			72,000			1,000,000	
受　取　手　形	160,000						160,000	
③ 売　　掛　　金	320,000			80,000			240,000	
⑤ 繰　越　商　品	274,000		410,000	274,000			★410,000	
建　　　　物	1,600,000						1,600,000	
備　　　　品	700,000						700,000	
支　払　手　形		96,000						96,000
② 買　　掛　　金		204,000	72,000					★132,000
借　　入　　金		800,000						800,000
③ 仮　　受　　金		80,000	80,000					
④ 貸　倒　引　当　金		6,000		6,000				12,000
⑥ 建物減価償却累計額		576,000		48,000				★624,000
⑥ 備品減価償却累計額		280,000		140,000				★420,000
資　　本　　金		1,800,000						1,800,000
繰越利益剰余金		200,000						200,000
売　　　　上		3,000,000				3,000,000		
⑨ 受　取　手　数　料		8,000		6,000		★ 14,000		
⑤ 仕　　　　入	2,200,000			2,200,000				
給　　　　料	360,000				360,000			
⑦ 保　　険　　料	12,000			8,000	4,000			
支　払　地　代	44,000				44,000			
⑧ 支　払　利　息	24,000		4,000		★ 28,000			
	7,050,000	7,050,000						
① 雑　　　　益				6,000		★ 6,000		
④ 貸倒引当金繰入			6,000		★ 6,000			
⑤ 売　上　原　価			274,000	410,000	★2,064,000			
			2,200,000					
⑥ 減　価　償　却　費			188,000		★188,000			
⑦ 前　払　保　険　料			8,000				★ 8,000	
⑧ 未　払　利　息				4,000				4,000
⑨ 未　収　手　数　料			6,000				6,000	
⑩ 当　期　純　利　益					☆326,000			326,000
			3,254,000	3,254,000	3,020,000	3,020,000	4,414,000	4,414,000

*　上記の○番号は、解説の番号と対応しています。

★1つにつき3点
☆1つにつき2点
合計35点

解説

Step 1 決算整理仕訳を行い、修正記入欄・損益計算書欄・貸借対照表欄に記入する

①現金過不足の処理

現金の残高を手許有高に修正し、手許有高と帳簿残高（残高試算表欄の金額）との差額を「雑益」で処理します。

（現 　　　　 金）	6,000	（雑 　　　　 益）	6,000 *

　　＊　　¥290,000－¥284,000＝¥6,000（過剰）
　　　　　手許有高　　　　帳簿残高

②未記帳（買掛金の決済）の処理

未記帳となっているため、「買掛金」と「普通預金」を減少させます。

（買 　 掛 　 金）	72,000	（普 　 通 　 預 　 金）	72,000

③仮受金の処理

仮受金の残高は、売掛金の回収額であることが判明したので、「売掛金」を減少させます。なお、売掛金の減少は、貸倒引当金の設定額に影響するので注意しましょう。

（仮 　 受 　 金）	80,000	（売 　 掛 　 金）	80,000

④貸倒引当金の設定

⑴　貸倒引当金の当期設定額を求めます。

（¥160,000＋¥320,000－¥80,000③）　×3％＝¥12,000
　　受取手形　　　　売掛金

⑵　⑴の金額と残高試算表欄の金額との差額を求め、貸倒引当金の繰入額を算定します。

　　¥12,000－¥6,000＝¥6,000

（貸 倒 引 当 金 繰 入）	6,000	（貸 　 倒 　 引 　 当 　 金）	6,000

⑤売上原価の算定

問題文の指示により、「売上原価」の行で売上原価を計算します。

⑴　残高試算表欄の「繰越商品」の金額（期首商品棚卸高）を「売上原価」に振り替えます。

（売 　 上 　 原 　 価）	274,000	（繰 　 越 　 商 　 品）	274,000

⑵　残高試算表欄の「仕入」の金額（当期商品仕入高）を「売上原価」に振り替えます。

（売 　 上 　 原 　 価）	2,200,000	（仕 　　　　 入）	2,200,000

⑶　期末商品棚卸高を「売上原価」から「繰越商品」に振り替えます。

（繰 　 越 　 商 　 品）	410,000	（売 　 上 　 原 　 価）	410,000

*P*oint

　本問では、問題の指示により「仕入」の行ではなく、「売上原価」の行で売上原価を計算します。この場合、残高試算表欄の繰越商品と仕入の金額を売上原価に振り替えた後、期末商品棚卸高を売上原価から繰越商品に振り替えます。

⑥減価償却費の計上

⑴　当期の減価償却費を求めます。なお、建物と備品では、残存価額が異なるので注意しましょう。

建物：¥1,600,000×0.9÷30年＝¥48,000

備品：¥700,000÷5年＝¥140,000

⑵　⑴の金額の合計額を減価償却費として損益計算書欄に記入します。

（ 減 価 償 却 費 ）	188,000	（ 建物減価償却累計額 ）	48,000
		（ 備品減価償却累計額 ）	140,000

⑶　減価償却累計額について、残高試算表欄の金額と⑵の金額とを合計して、貸借対照表欄に記入します。

建物減価償却累計額：¥576,000＋¥48,000＝**¥624,000**

備品減価償却累計額：¥280,000＋¥140,000＝**¥420,000**

⑦保険料の前払計上

当期の12月1日に向こう1年分（12か月分）を支払っているので、未経過となる8か月分（4月～11月）を前払計上します。

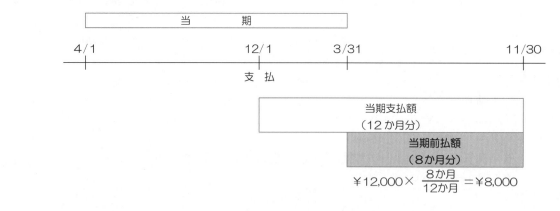

（ 前 払 保 険 料 ）	8,000	（ 保 険 料 ）	8,000

⑧利息の未払計上

決算日までの利息を未払計上します。

（ 支 払 利 息 ）	4,000	（ 未 払 利 息 ）	4,000

⑨手数料の未収計上

手数料を未収計上します。

（ 未 収 手 数 料 ）	6,000	（ 受 取 手 数 料 ）	6,000

*P*oint

収益・費用の「前払い・前受け」「未収・未払い」

　頭の文字に、「前」・「未」が付く科目であれば、貸借対照表に載せるものと覚えておきましょう。

　また、表示科目を記入するときは、間違えやすいので注意しましょう。

貸借対照表

（借　方）	（貸　方）	
前　払	未　払	← 費　用
未　収	前　受	← 収　益

Step 2 その他の勘定科目の金額を損益計算書欄・貸借対照表欄に記入する

Step 1 の決算整理仕訳で変動のなかった残高試算表欄の勘定科目の金額を、それぞれ損益計算書欄・貸借対照表欄に記入します。

Step 3 当期純利益（純損失）の算定

損益計算書欄・貸借対照表欄のそれぞれの貸借差額を当期純利益（または当期純損失）として記入します。

損益計算書欄（貸方）¥3,020,000－（借方）¥2,694,000＝¥326,000（純利益）⎫
貸借対照表欄（借方）¥4,414,000－（貸方）¥4,088,000＝¥326,000（純利益）⎬ ⑩
　　　　　　　　　　　　　　　　　　　　　　　　　　　　　　　　　　　　⎭

$\boldsymbol{P}_{oint}$

　損益計算書欄および貸借対照表欄の当期純利益（または当期純損失）の金額は一致します。

第2回　解答・解説

第1問（45点）　＊　勘定科目は**記号での解答**となります。参考として、勘定科目も記入しています。

1

借方科目		金額	貸方科目		金額
所得税預り金	ウ	800,000	現　　　金	ア	800,000

Point
源泉徴収したときに、「所得税預り金」で処理しています。

2

借方科目		金額	貸方科目		金額
給　　　料	オ	140,000	社会保険料預り金	エ	8,000
			所得税預り金	ウ	5,600
			当 座 預 金	イ	126,400

当座預金：￥140,000－￥8,000－￥5,600＝￥126,400

Point
本人負担の社会保険料は「社会保険料預り金」、所得税の源泉徴収分は「所得税預り金」で処理します。

3

借方科目		金額	貸方科目		金額
支 払 地 代	カ	20,000	普 通 預 金	イ	20,000

Point
土地の賃借料なので、「支払地代」で処理します。

4

借方科目		金額	貸方科目		金額
修 　繕 　費	カ	8,000	現　　　金	ア	8,000

Point
修理費用は「修繕費」で処理します。

5

借方科目		金額	貸方科目		金額
クレジット売掛金	エ	40,000	売　　　上	カ	41,000
現　　　金	ア	5,100	仮 受 消 費 税	オ	4,100

売上：￥45,100－￥4,100＝￥41,000
現金：￥45,100－￥40,000＝￥5,100

Point
税抜方式で記帳するので、売上は消費税を除いた金額となります。

6

借方科目		金額	貸方科目		金額
旅 費 交 通 費	オ	12,000	現　　　金	ア	12,000

Point
入金時に「仮払金」で処理しておき、使用時に費用計上する場合もあります。

7

借方科目		金額	貸方科目		金額
当 座 預 金	ア	119,600	売 　掛 　金	ウ	120,000
支 払 手 数 料	カ	400			

当座預金：￥120,000－￥400＝￥119,600

Point
振込手数料は「支払手数料」で処理します。

8

借方科目		金額	貸方科目		金額
買 　掛 　金	オ	100,000	支 　払 　手 　形	エ	100,000
通 　信 　費	カ	500	現　　　金	ア	500

Point
郵送代金は「通信費」で処理します。

	借方科目		金額	貸方科目		金額	Point
9	租 税 公 課	オ	2,800	現　　　　金	ア	2,800	収入印紙は「租税公課」で処理します。

	借方科目		金額	貸方科目		金額	Point
10	旅 費 交 通 費	カ	24,000	仮 払 金	イ	30,000	概算払いしたときに「仮払金」で処理しています。
	現　　　　金	ア	6,000				
	現金：¥30,000－¥24,000＝¥6,000						

	借方科目		金額	貸方科目		金額	Point
11	仮 受 金	カ	92,000	売 掛 金	ア	80,000	内容不明なので、入金時には「仮受金」で処理しています。
				前 受 金	オ	12,000	

	借方科目		金額	貸方科目		金額	Point
12	受 取 利 息	オ	14,400	未 収 利 息	イ	14,400	前期の決算において、利息の未収計上をしています。

	借方科目		金額	貸方科目		金額	Point
13	当 座 預 金	ア	162,400	貸 付 金	ウ	160,000	借用証書による貸付けなので、「貸付金」で処理しています。
				受 取 利 息	オ	2,400	
	受取利息：¥160,000×3％×$\frac{6か月}{12か月}$＝¥2,400						
	当座預金：¥160,000＋¥2,400＝¥162,400						

	借方科目		金額	貸方科目		金額	Point
14	借 入 金	エ	292,000	当 座 預 金	ア	293,600	元利合計 元本と利息の合計
	支 払 利 息	カ	1,600				
	支払利息：¥292,000×2％×$\frac{100日}{365日}$＝¥1,600						
	当座預金：¥292,000＋¥1,600＝¥293,600						

	借方科目		金額	貸方科目		金額	Point
15	支 払 手 数 料	オ	24,000	普 通 預 金	ア	264,000	仲介手数料は「支払手数料」、敷金は「差入保証金」で処理します。
	差 入 保 証 金	イ	192,000				
	支 払 家 賃	カ	48,000				

仕訳1組につき3点　合計45点

第2問 (20点)

問1

備　　品

日　付	摘　要	借　方	日　付	摘　要	貸　方
X4 4 1	前 期 繰 越	①★ 7,308,000	X5 3 31	次 期 繰 越	11,808,000
6 1	普 通 預 金	②★ 4,500,000			
		11,808,000			11,808,000

備品減価償却累計額

日　付	摘　要	借　方	日　付	摘　要	貸　方
X5 3 31	次 期 繰 越	3,729,000	X4 4 1	前 期 繰 越	③★ 1,953,000
			X5 3 31	④★減価償却費	⑤★ 1,776,000
		3,729,000			3,729,000

＊　上記の○番号は、解説の番号と対応しています。

★１つにつき２点　合計10点

解説

Step 1 各備品の状況の確認

　各勘定の日付欄より、当期はX4年４月１日からX5年３月31日までとわかります。

　備品Ⅰと備品Ⅱは取得年月日より、当期以前に取得したものとわかるので、各備品の取得日から前期末までの経過月数を確認します。

　備品Ⅲは取得年月日より、当期に取得したものとわかるので、当期の経過月数を確認します。

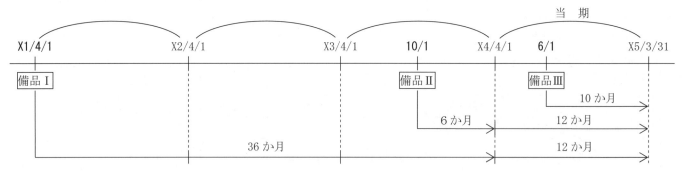

　１か月あたりの減価償却費

　備品Ⅰ：￥4,608,000÷96か月＝￥48,000　　耐用年数８年 → 96か月
　備品Ⅱ：￥2,700,000÷72か月＝￥37,500　　耐用年数６年 → 72か月
　備品Ⅲ：￥4,500,000÷60か月＝￥75,000　　耐用年数５年 → 60か月

Step 2 各勘定における金額の推定

①　備品の前期繰越額となるので、備品Ⅰと備品Ⅱの取得原価の合計となります。
　　￥4,608,000＋￥2,700,000＝￥7,308,000
　　　備品Ⅰ　　　　備品Ⅱ

②　固定資産台帳より、備品Ⅲの取得原価の金額となります。
　　￥4,500,000

③　備品減価償却累計額の前期繰越額となるので、備品Ⅰと備品Ⅱの期首減価償却累計額の合計となります。
　　￥1,728,000＋￥225,000＝￥1,953,000
　　　備品Ⅰ　　　　備品Ⅱ

④　備品減価償却累計額の相手勘定科目となるので、**減価償却費**となります。

⑤　当期の備品Ⅰ、備品Ⅱ、備品Ⅲの減価償却費の合計となります。なお、備品Ⅲは、当期の６月１日に取得しているので、10か月分を計上することになります。

$$¥48,000×12か月 + ¥37,500×12か月 + ¥75,000×10か月 = ¥1,776,000$$
　　　　備品Ⅰ　　　　　　　　　備品Ⅱ　　　　　　　　備品Ⅲ

問２

(1)

出　金　伝　票	
科　　　　目	金　　　額
③（買掛金）	50,000

振　替　伝　票			
借　方　科　目	金　　　額	貸　方　科　目	金　　　額
仕　　　　　入	850,000	③（買掛金）	850,000

(2)

入　金　伝　票	
科　　　　目	金　　　額
売　　　　上	150,000

振　替　伝　票			
借　方　科　目	金　　　額	貸　方　科　目	金　　　額
②（売掛金）	1,150,000	④（売　上）	1,150,000

(1) (2) それぞれ完答して５点　合計10点

解　説

(1)の仕訳

（仕　　　　入）	850,000	（現　　　　金）	50,000
		（買　　掛　　金）	800,000

振替伝票に、全額記入されていることから、「**全額を掛取引として起票する方法**」を採用していると判断します。

振替伝票に記入する仕訳

（仕　　　　入）	850,000	（買　　掛　　金）	850,000

出金伝票に記入する仕訳

（買　　掛　　金）	50,000	（現　　　　金）	50,000

(2)の仕訳

（現　　　　金）	150,000	（売　　　　上）	1,300,000
（売　　掛　　金）	1,150,000		

入金伝票に、科目「売上」と記入されていることから、「**取引を分解して起票する方法**」を採用していると判断します。

入金伝票に記入する仕訳

（現　　　　金）	150,000	（売　　　　上）	150,000

振替伝票に記入する仕訳

（売　　掛　　金）	1,150,000	（売　　　　上）	1,150,000

第3問 (35点)

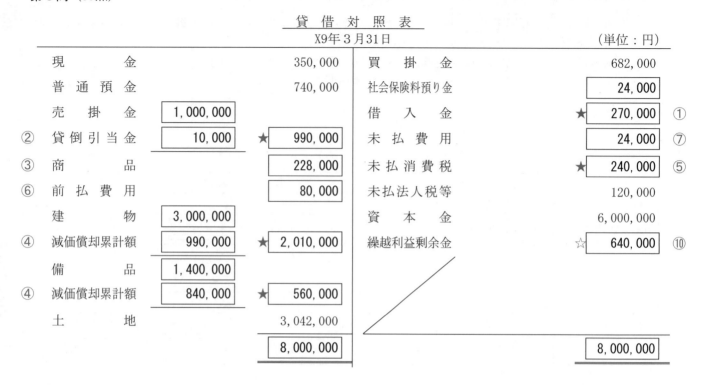

貸 借 対 照 表
X9年3月31日　　　　　　　　　　　　　　　　　　　（単位：円）

	現　　　　金	350,000		買　　掛　　金	682,000
	普 通 預 金	740,000		社会保険料預り金	☐ 24,000
	売　掛　金	☐ 1,000,000		借　入　金	★ 270,000 ①
②	貸 倒 引 当 金	☐ 10,000　★ 990,000		未 払 費 用	☐ 24,000 ⑦
③	商　　　品	☐ 228,000		未 払 消 費 税	★ 240,000 ⑤
⑥	前 払 費 用	☐ 80,000		未払法人税等	120,000
	建　　　物	☐ 3,000,000		資　本　金	6,000,000
④	減価償却累計額	☐ 990,000　★ 2,010,000		繰越利益剰余金	☆ 640,000 ⑩
	備　　　品	☐ 1,400,000			
④	減価償却累計額	☐ 840,000　★ 560,000			
	土　　　地	3,042,000			
		8,000,000			8,000,000

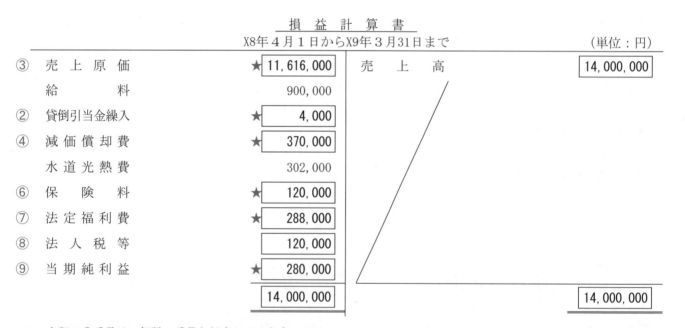

損 益 計 算 書
X8年4月1日からX9年3月31日まで　　　　　　　　　　（単位：円）

③	売 上 原 価	★ 11,616,000		売　上　高	14,000,000
	給　　　料	900,000			
②	貸倒引当金繰入	★ 4,000			
④	減 価 償 却 費	★ 370,000			
	水 道 光 熱 費	302,000			
⑥	保　険　料	★ 120,000			
⑦	法 定 福 利 費	★ 288,000			
⑧	法 人 税 等	120,000			
⑨	当 期 純 利 益	★ 280,000			
		14,000,000			14,000,000

＊　上記の〇番号は、解説の番号と対応しています。

★1つにつき3点
☆1つにつき2点
合計35点

Step 1 決算整理仕訳を行い、貸借対照表と損益計算書に記入する

①借入金への振替え

決算時に当座預金勘定が貸方残高となっている場合、銀行からの借入れと考え、「借入金」に振り替えます。

（ 当 座 預 金 ）	270,000	（ 借 入 金 ）	270,000

借入金：¥270,000

②貸倒引当金の設定

⑴ 貸倒引当金の当期設定額を求めます。

貸倒引当金（売掛金）：¥1,000,000×1％＝¥10,000

⑵ ⑴の金額と決算整理前残高試算表の金額との差額を求め、貸倒引当金の繰入額を算定します。

¥10,000－¥6,000＝¥4,000

（ 貸 倒 引 当 金 繰 入 ）	4,000	（ 貸 倒 引 当 金 ）	4,000

貸倒引当金繰入：¥4,000

③売上原価の算定（仕入勘定で売上原価を算定すると仮定）

⑴ 決算整理前残高試算表の「繰越商品」（期首商品棚卸高）を「仕入」に振り替えます。

（ 仕 入 ）	244,000	（ 繰 越 商 品 ）	244,000

⑵ 期末商品棚卸高を「仕入」から「繰越商品」に振り替えます。

（ 繰 越 商 品 ）	228,000	（ 仕 入 ）	228,000

繰越商品 → 商 品（表示科目）：¥244,000－¥244,000＋¥228,000＝**¥228,000**

仕 入 → 売上原価（表示科目）：¥11,600,000＋¥244,000－¥228,000＝**¥11,616,000**

④減価償却費

当期の減価償却費を求めます。建物と備品では、残存価額が異なるので注意しましょう。

建物：¥3,000,000×0.9÷30年＝¥90,000

備品：¥1,400,000÷5年＝¥280,000

（ 減 価 償 却 費 ）	370,000	（ 建物減価償却累計額 ）	90,000
		（ 備品減価償却累計額 ）	280,000

減 価 償 却 費：¥90,000＋¥280,000＝**¥370,000**

建物減価償却累計額 → 減価償却累計額（表示科目）：¥900,000＋¥ 90,000＝**¥990,000**

備品減価償却累計額 → 減価償却累計額（表示科目）：¥560,000＋¥280,000＝**¥840,000**

⑤消費税の処理

決算において、「仮受消費税」と「仮払消費税」との差額を「未払消費税」で処理します。

未払消費税：¥1,400,000－¥1,160,000＝**¥240,000**

（ 仮 受 消 費 税 ）	1,400,000	（ 仮 払 消 費 税 ）	1,160,000
		（ 未 払 消 費 税 ）	240,000

⑥保険料の前払い

　毎年12月１日に、12か月分の保険料（毎年同額）を支払っています。決算整理前残高試算表の保険料は、期首に行った再振替分である８か月分（４月～11月）と、当期に支払った12か月分の合計、20か月分となります。

　そのため、８か月分の保険料が前払いとなります。

（ 前 払 保 険 料 ）	80,000	（ 保　　険　　料 ）	80,000

前払保険料 → 前払費用（表示科目）：¥80,000
保　険　料：¥200,000－¥80,000＝¥120,000

⑦法定福利費の未払計上

社会保険料の当社負担分を未払計上するので、「法定福利費」で処理します。

（ 法 定 福 利 費 ）	24,000	（ 未 払 法 定 福 利 費 ）	24,000

法 定 福 利 費：¥264,000＋¥24,000＝¥288,000
未払法定福利費 → 未払費用（表示科目）：¥24,000

P_{oint}

収益・費用の「前払い・前受け」「未収・未払い」
　頭の文字に、「前」・「未」が付く科目であれば、貸借対照表に載せるものと覚えておきましょう。
　また、表示科目を記入するときは、間違えやすいので注意しましょう。

貸借対照表

（借　方）	（貸　方）	
前 払	未 払	← 費 用
未 収	前 受	← 収 益

---

⑧未払法人税等

中間納付をしていないので、法人税等の金額は¥120,000となります。
法 人 税 等：¥120,000

（ 法　人　税　等 ）	120,000	（ 未 払 法 人 税 等 ）	120,000

Step 2 その他の勘定科目の金額を貸借対照表・損益計算書に記入する

Step 1 の決算整理仕訳で変動のなかった決算整理前残高試算表の勘定科目の金額を、それぞれ貸借対照表・損益計算書に記入します。

Step 3 当期純利益（純損失）の算定

損益計算書の貸借差額を、当期純利益（または当期純損失）として記入します。

損益計算書（貸方）¥14,000,000－（借方）¥13,720,000＝¥280,000（当期純利益）… ⑨

貸借対照表の繰越利益剰余金は、決算整理前残高試算表の金額に当期純利益（または当期純損失）の金額を加減した金額となります。

繰越利益剰余金：¥360,000＋¥280,000＝¥640,000 … ⑩

> **P**_oint_ _____
>
> 当期純利益（または当期純損失）の金額は、繰越利益剰余金に加減する。

第3回 解答・解説

第1問（45点）　　＊ 勘定科目は**記号での解答**となります。参考として、勘定科目も記入しています。

	借方科目		金額	貸方科目		金額	Point
1	普 通 預 金	ア	384,000	手 形 借 入 金	エ	400,000	手形を振り出して借り入れた場合、「手形借入金」で処理します。
	支 払 利 息	カ	16,000				
	普通預金：¥400,000－¥16,000＝¥384,000						

	借方科目		金額	貸方科目		金額	Point
2	現 金	ア	9,200	仮 払 金	イ	10,000	商品販売にかかる手付金は「前受金」で処理します。
	旅 費 交 通 費	カ	6,800	前 受 金	オ	6,000	
	現 金：¥3,200＋¥6,000＝¥9,200 旅費交通費：¥10,000－¥3,200＝¥6,800						

	借方科目		金額	貸方科目		金額	Point
3	手 形 貸 付 金	イ	240,000	普 通 預 金	ウ	237,600	手形を受け取って貸し付けた場合、「手形貸付金」で処理します。
				受 取 利 息	オ	2,400	
	普通預金：¥240,000－¥2,400＝¥237,600						

	借方科目		金額	貸方科目		金額	Point
4	買 掛 金	カ	200,000	売 掛 金	エ	40,000	広島商店に対して、商品の仕入れと販売を行っていることになります。
				当 座 預 金	イ	160,000	

	借方科目		金額	貸方科目		金額	Point
5	未 払 法 人 税 等	カ	280,000	普 通 預 金	イ	280,000	科目が法人税とあり、確定申告に○が付いているので、確定申告時の納付と判断します。

	借方科目		金額	貸方科目		金額	Point
6	売 上	オ	600,000	売 掛 金	ア	600,000	売上返品なので、売上時の仕訳と貸借逆仕訳となります。

	借方科目		金額	貸方科目		金額	Point
7	租 税 公 課	カ	800,000	当 座 預 金	ア	800,000	固定資産税は「租税公課」で処理します。

	借方科目		金額	貸方科目		金額	Point
8	貯 蔵 品	ア	11,200	租 税 公 課	エ	10,000	購入時に費用計上した収入印紙・郵便切手が、決算時に残っている場合、「貯蔵品」に振り替えます。
				通 信 費	イ	1,200	
	貯蔵品：¥10,000＋¥1,200＝¥11,200						

9	借方科目		金額	貸方科目		金額
	買 掛 金	カ	600,000	支 払 手 形	オ	600,000

10	借方科目		金額	貸方科目		金額
	建 物	ウ	10,000,000	当 座 預 金	イ	15,000,000
	修 繕 費	オ	5,000,000			
	修繕費：¥15,000,000－¥10,000,000＝¥5,000,000					

11	借方科目		金額	貸方科目		金額
	現 金 過 不 足	カ	15,000	受 取 手 数 料	ア	20,000
	旅 費 交 通 費	エ	6,000	雑 益	イ	1,000

12	借方科目		金額	貸方科目		金額
	手 形 借 入 金	カ	1,000,000	当 座 預 金	ア	1,000,000

13	借方科目		金額	貸方科目		金額
	社会保険料預り金	エ	60,000	普 通 預 金	イ	120,000
	法 定 福 利 費	カ	60,000			
	法定福利費：¥120,000－¥60,000＝¥60,000					

14	借方科目		金額	貸方科目		金額
	現 金	ア	20,000	売 上	オ	100,000
	受 取 商 品 券	ウ	90,000	仮 受 消 費 税	エ	10,000
	受取商品券：¥100,000＋¥10,000－¥20,000＝¥90,000					

15	借方科目		金額	貸方科目		金額
	売 上	エ	1,400,000	損 益	カ	1,400,000

仕訳1組につき3点　合計45点

第2問 （20点）
問1

仕 訳 日 計 表
X1年10月1日

借 方	勘 定 科 目	貸 方
★ 280,000	現　　　　金	★ 192,000
★ 96,000	電子記録債権	
320,000	売　　掛　　金	★ 216,000
★ 156,000	買　　掛　　金	212,000
	売　　　　上	★ 480,000
212,000	仕　　　　入	
36,000	消　耗　品　費	
1,100,000		1,100,000

★1つにつき2点　合計12点

解 説

入金伝票

No.101	（現　　　　金）	120,000	（売掛金・岡山）	120,000
No.102	（現　　　　金）	160,000	（売　　　　上）	160,000

出金伝票

No.201	（買掛金・香川）	92,000	（現　　　　金）	92,000
No.202	（買掛金・徳島）	64,000	（現　　　　金）	64,000
No.203	（消　耗　品　費）	36,000	（現　　　　金）	36,000

振替伝票

No.301	（売掛金・岡山）	320,000	（売　　　　上）	320,000
No.302	（電子記録債権）	96,000	（売掛金・高知）	96,000
No.303	（仕　　　　入）	212,000	（買掛金・香川）	212,000

問2

補助簿 日付	当座預金 出納帳	商品有高帳	売掛金元帳 (得意先元帳)	買掛金元帳 (仕入先元帳)	仕 入 帳	売 上 帳	受取手形 記入帳	支払手形 記入帳	固定資産 台 帳
7日	☑	☑	□	☑	☑	□	□	☑	□
12日	□	☑	☑	□	□	☑	☑	□	□
15日	□	☑	☑	□	□	☑	□	□	□
22日	☑	□	□	□	□	□	□	□	☑

■ 1つにつき2点　合計8点

解説

7日
仕　入　帳 ← （仕　　　入）　828,000　（支　払　手　形）　560,000 → 支払手形記入帳
商品有高帳* ←┘　　　　　　　　　　　　（買　　掛　　金）　240,000 → 買掛金元帳
　　　　　　　　　　　　　　　　　　　（当　座　預　金）　28,000 → 当座預金出納帳
　　＊　商品の増減があるため、商品有高帳に記入します。

12日
受取手形記入帳 ← （受　取　手　形）　700,000　（売　　　　　上）1,070,000 ┐→ 売　上　帳
売　掛　金　元　帳 ← （売　　掛　　金）　370,000　　　　　　　　　　　　　　└→ 商品有高帳*
　　　＊　商品の増減があるため、商品有高帳に記入します。

15日
売　上　帳 ← （売　　　　　上）　62,000　（売　　掛　　金）　62,000 → 売　掛　金　元　帳
商品有高帳* ←┘　　＊　商品の増減があるため、商品有高帳に記入します。

22日
固定資産台帳 ← （建　　　　　物）4,000,000　（仮　払　金）2,000,000
　　　　　　　└（土　　　　　地）4,800,000　（当　座　預　金）6,800,000 → 当座預金出納帳

第3回

第3問（35点）
問1

決算整理後残高試算表

借 方		勘 定 科 目	貸 方	
	1,618,400	現　　　　金		
①	1,788,000	普 通 預 金		
	3,600,000	売 　掛 　金		
③	★ 1,308,000	繰 越 商 品		
⑤	12,000	貯 　　蔵 　　品		
⑦	★ 240,000	前 払 家 賃		
	7,200,000	備　　　　品		
		買 　掛 　金	★ 2,560,000	①
		未 払 消 費 税	★ 686,400	⑥
		未 払 法 人 税 等	540,000	⑨
		前 受 手 数 料	★ 440,000	⑧
		貸 倒 引 当 金	72,000	②
		備品減価償却累計額	★ 2,160,000	④
		資 　本 　金	7,200,000	
		繰 越 利 益 剰 余 金	848,000	
		売　　　　上	24,000,000	
		受 取 手 数 料	40,000	⑧
③	★ 16,800,000	仕 　　　　入		
⑦	2,880,000	支 払 家 賃		
⑤	★ 128,000	租 　税 　公 　課		
④	★ 720,000	減 価 償 却 費		
②	★ 40,000	貸 倒 引 当 金 繰 入		
⑨	★ 540,000	法 　人 　税 　等		
	1,672,000	そ の 他 の 費 用		
	38,546,400		38,546,400	

＊　上記の○番号は、解説の番号と対応しています。

問2　¥　☆ 1,260,000

★1つにつき3点
☆1つにつき2点
合計35点

Step 1 決算整理仕訳を行い、決算整理後残高試算表に記入する

①買掛金の決済

普通預金口座からの買掛金の支払いが未記帳となっています。

（買　　掛　　金）	240,000	（普　通　預　金）	240,000

買 掛 金：¥2,800,000－¥240,000＝**¥2,560,000**

普通預金：¥2,028,000－¥240,000＝**¥1,788,000**

②貸倒引当金の設定

⑴　貸倒引当金の当期設定額を求めます。

　　貸倒引当金：¥3,600,000×2％＝**¥72,000**

⑵　⑴の金額と決算整理前残高試算表の金額との差額を求め、貸倒引当金の繰入額を算定します。

　　¥72,000－¥32,000＝¥40,000

（貸 倒 引 当 金 繰 入）	40,000	（貸 倒 引 当 金）	40,000

貸倒引当金繰入：**¥40,000**

③売上原価の算定

⑴　決算整理前残高試算表の「繰越商品」（期首商品棚卸高）を「仕入」に振り替えます。

（仕　　　　　　入）	972,000	（繰　越　商　品）	972,000

⑵　期末商品棚卸高を「仕入」から「繰越商品」に振り替えます。

（繰　越　商　品）	1,308,000	（仕　　　　　　入）	1,308,000

繰越商品：¥972,000－¥972,000＋¥1,308,000＝**¥1,308,000**

仕　　　入：¥17,136,000＋¥972,000－¥1,308,000＝**¥16,800,000**

④減価償却費

当期の減価償却費を求めます。

減 価 償 却 費：¥7,200,000÷10年＝**¥720,000**

（減 価 償 却 費）	720,000	（備品減価償却累計額）	720,000

備品減価償却累計額：¥1,440,000＋¥720,000＝**¥2,160,000**

⑤貯蔵品の処理

購入時に「租税公課」として費用処理しています。決算において、収入印紙の未使用高を「貯蔵品」に振り替えます。

（貯　　蔵　　品）	12,000	（租　税　公　課）	12,000

貯 蔵 品：**¥12,000**

租税公課：¥140,000－¥12,000＝**¥128,000**

⑥**消費税の処理**

決算において、「仮受消費税」と「仮払消費税」との差額を「未払消費税」で処理します。

未払消費税：¥2,400,000 − ¥1,713,600 = ¥686,400

| （仮　受　消　費　税） | 2,400,000 | （仮　払　消　費　税） | 1,713,600 |
| | | （未　払　消　費　税） | 686,400 |

⑦**家賃の前払計上**

1か月分の家賃を前払計上します。

¥3,120,000 ÷ 13か月 = ¥240,000（1か月分の家賃）

| （前　払　家　賃） | 240,000 | （支　払　家　賃） | 240,000 |

前払家賃：¥240,000

支払家賃：¥3,120,000 − ¥240,000 = ¥2,880,000

⑧**手数料の前受計上**

当期の3月1日に向こう1年分の手数料を受け取っているので、11か月分が前受けとなります。

前受手数料：$¥480,000 × \dfrac{11か月}{12か月} = ¥440,000$

| （受　取　手　数　料） | 440,000 | （前　受　手　数　料） | 440,000 |

受取手数料：¥480,000 − ¥440,000 = ¥40,000

⑨**未払法人税等**

貸方に「未払法人税等」、借方に「法人税等」を計上します。

| （法　人　税　等） | 540,000 | （未　払　法　人　税　等） | 540,000 |

法人税等：¥540,000

未払法人税等：¥540,000

Step 2 当期純利益（純損失）の算定

　答案用紙の決算整理後残高試算表を利用して、収益項目と費用項目をそれぞれ集計し、その差額を求めることにより、当期純利益（または当期純損失）を算定します。

決算整理後残高試算表

借　　方	勘 定 科 目	貸　　方
1,618,400	現　　　　　金	
1,788,000	普 通 預 金	
3,600,000	売 　 掛 　 金	
1,308,000	繰 越 商 品	
12,000	貯 　 蔵 　 品	
240,000	前 払 家 賃	
7,200,000	備　　　　　品	
	買 　 掛 　 金	2,560,000
	未 払 消 費 税	686,400
	未 払 法 人 税 等	540,000
	前 受 手 数 料	440,000
	貸 倒 引 当 金	72,000
	備品減価償却累計額	2,160,000
	資 　 本 　 金	7,200,000
	繰 越 利 益 剰 余 金	848,000
	売 　 　 　 上	24,000,000
費用項目	受 取 手 数 料	40,000
16,800,000	仕 　 　 　 入	収益項目
2,880,000	支 払 家 賃	
128,000	租 税 公 課	
720,000	減 価 償 却 費	
40,000	貸 倒 引 当 金 繰 入	
540,000	法 人 税 等	
1,672,000	そ の 他 の 費 用	
38,546,400		38,546,400

収益項目：￥24,000,000＋￥40,000＝￥24,040,000

費用項目：￥16,800,000＋￥2,880,000＋￥128,000＋￥720,000＋￥40,000＋￥540,000＋￥1,672,000
　　　　　＝￥22,780,000

差　　額：￥24,040,000－￥22,780,000＝**￥1,260,000**（**当期純利益**）

第4回　解答・解説

第1問（45点）　＊　勘定科目は**記号での解答**となります。参考として、勘定科目も記入しています。

1

借方科目		金額	貸方科目		金額
建　　物	ウ	2,060,000	普 通 預 金	イ	6,180,000
土　　地	エ	4,120,000			

建　　物：¥2,000,000×3％＝¥60,000（付随費用）
　　　　　¥2,000,000＋¥60,000＝¥2,060,000（取得原価）
土　　地：¥4,000,000×3％＝¥120,000（付随費用）
　　　　　¥4,000,000＋¥120,000＝¥4,120,000（取得原価）
普通預金：¥2,060,000＋¥4,120,000＝¥6,180,000

Point
売買手数料は、付随費用として取得原価に含めます。

2

借方科目		金額	貸方科目		金額
旅 費 交 通 費	オ	80,000	仮 払 金	イ	60,000
			未 払 金	ウ	20,000

旅費交通費：¥60,000＋¥20,000＝¥80,000

Point
旅費交通費＝概算額（仮払い分）＋不足額（従業員の立替払い分）

3

借方科目		金額	貸方科目		金額
仕　　入	カ	560,000	当 座 預 金	イ	200,000
			支 払 手 形	エ	360,000

支払手形：¥560,000－¥200,000＝¥360,000

Point
約束手形の振出しは「支払手形」で処理します。

4

借方科目		金額	貸方科目		金額
旅 費 交 通 費	エ	5,000	仮 払 金	イ	6,200
消 耗 品 費	オ	1,200			

仮払金：¥5,000＋¥1,200＝¥6,200

Point
ICカードのチャージ時に費用処理することもあります。

5

借方科目		金額	貸方科目		金額
損　　益	カ	3,000,000	仕　　入	オ	3,000,000

Point
帳簿上、損益勘定で当期の利益（または損失）を計算します。

6

借方科目		金額	貸方科目		金額
旅 費 交 通 費	オ	12,000	未 払 金	イ	15,000
消 耗 品 費	エ	3,000			

旅費交通費：¥8,000＋¥4,000＝¥12,000
未 払 金：¥12,000＋¥3,000＝¥15,000

Point
旅費交通費＝電車代＋タクシー代

7

借方科目		金額	貸方科目		金額
普 通 預 金	ウ	2,000,000	資 本 金	エ	2,000,000

Point
株式発行に伴う払込金は「資本金」で処理します。

	借方科目		金額	貸方科目		金額		Point
8	現 金 過 不 足	カ	4,000	現　　　金	ア	4,000		得意先振出しの小切手は、通貨代用証券なので、「現金」で処理します。

現金（実際有高）：¥120,000＋¥8,000＋¥24,000＝¥152,000
現金（帳簿残高）：¥156,000
実際有高＜帳簿残高のため、現金不足
¥152,000－¥156,000＝△¥4,000（現金不足額）

	借方科目		金額	貸方科目		金額		Point
9	備品減価償却累計額	エ	640,000	備　　　品	ウ	800,000		帳簿価額＝取得原価－減価償却累計額 売却価額－帳簿価額 　＋の場合 → 売却益 　－の場合 → 売却損
	現　　　金	ア	200,000	固定資産売却益	オ	40,000		

売却価額：¥200,000
帳簿価額：¥800,000－¥640,000＝¥160,000
売却損益：¥200,000－¥160,000＝¥40,000（売却益）

	借方科目		金額	貸方科目		金額		Point
10	備　　　品	ウ	650,000	未 払 金	エ	650,000		配送料・据付費は、付随費用として備品の取得原価に含めます。

	借方科目		金額	貸方科目		金額		Point
11	借 入 金	エ	360,000	普 通 預 金	イ	365,400		利息の引落額は、未返済の元本に対する金額となります。
	支 払 利 息	カ	5,400					

支払利息：¥1,800,000×3.65%×$\frac{30日}{365日}$＝¥5,400

普通預金：¥360,000＋¥5,400＝¥365,400

	借方科目		金額	貸方科目		金額		Point
12	備　　　品	エ	600,000	普 通 預 金	イ	604,000		事務用のオフィス機器は「備品」、コピー用紙は「消耗品費」で処理します。
	消 耗 品 費	オ	4,000					

普通預金：¥600,000＋¥4,000＝¥604,000

	借方科目		金額	貸方科目		金額		Point
13	支 払 家 賃	オ	240,000	現　　　金	ア	960,000		敷金は「差入保証金」、仲介手数料は「支払手数料」で処理します。
	差 入 保 証 金	イ	480,000					
	支 払 手 数 料	カ	240,000					

差入保証金：¥240,000×2か月分＝¥480,000
現　　　金：¥240,000＋¥480,000＋¥240,000＝¥960,000

	借方科目		金額	貸方科目		金額		Point
14	普 通 預 金	イ	500	受 取 利 息	ウ	500		利息の入金なので、「受取利息」で処理します。

	借方科目		金額	貸方科目		金額		Point
15	旅 費 交 通 費	エ	12,000	未 払 金	イ	12,000		営業目的（商品売買）以外の未払いなので、「未払金」で処理します。

仕訳1組につき3点　合計45点

第2問（20点）

問1 ＊ 語句は**記号での解答**となります。参考として、語句も記入しています。

繰越利益剰余金

日	付		摘 要		借 方	日	付		摘 要		貸 方
X2	6	20	未 払 配 当 金		300,000	X2	4	1	前 期 繰 越		☆ 1,600,000
		〃	利 益 準 備 金 **ウ**	☆	30,000	X3	3	31	損 益 **オ**	★	2,000,000
X3	3	31	次 期 繰 越 **カ**	★	3,270,000						
					3,600,000						3,600,000

☆ 1つにつき2点
★ 1つにつき3点
合計10点

解説

第1期（X1年4月1日からX2年3月31日までの1年間）

① 繰越利益剰余金勘定への振替え

（ 損 益 ）	1,600,000	（ 繰 越 利 益 剰 余 金 ）	1,600,000

繰越利益剰余金

日	付	摘 要	借 方	日	付	摘 要	貸 方
X2	3	31	次 期 繰 越	1,600,000	X2	3	31	損 益	1,600,000

第2期（X2年4月1日からX3年3月31日までの1年間）

① 剰余金の配当

（ 繰 越 利 益 剰 余 金 ）	300,000	（ 未 払 配 当 金 ）	300,000
（ 繰 越 利 益 剰 余 金 ）	30,000	（ 利 益 準 備 金 ）	30,000

② 株主配当金の支払い

（ 未 払 配 当 金 ）	300,000	（ 普 通 預 金 ）	300,000

③ 繰越利益剰余金勘定への振替え

（ 損 益 ）	2,000,000	（ 繰 越 利 益 剰 余 金 ）	2,000,000

繰越利益剰余金

日	付		摘 要	借 方	日	付		摘 要	貸 方
X2	6	20	未 払 配 当 金	300,000	X2	4	1	前 期 繰 越	1,600,000
		〃	利 益 準 備 金	30,000	X3	3	31	損 益	2,000,000
X3	3	31	次 期 繰 越	3,270,000					
				3,600,000					3,600,000

問2

| ① | 760,000 | ② | 540,000 | ③ | 820,000 | ④ | 560,000 | ⑤ | 700,000 |

1つにつき2点　合計10点

解説

　　仕入先元帳（買掛金元帳）は、仕入先別に買掛金に関する明細を記入する補助元帳です。**すべての仕入先元帳の残高を合計すると、総勘定元帳の買掛金勘定の残高と一致します。**本問では、仕入先元帳の摘要欄には、勘定科目ではなく取引の内容が記入されています。買掛金勘定とそれぞれの仕入先元帳の同じ日付の記入に着目し、転記した仕訳を考えながら空欄を埋めていきましょう。

　　日付ごとの取引を仕訳すると次のようになります。そのさい、「買掛金・〇〇商店」と記入すると整理しやすいです。

10月1日　すべての仕入先元帳の残高を合計すると、総勘定元帳の買掛金勘定の残高と一致します。
　　　　　買掛金・沖縄商店：¥1,000,000（買掛金残高）－¥440,000（買掛金・長崎商店）＝¥560,000　←　④

| 5日 | （買掛金・長崎商店） | 220,000 | （普　通　預　金） | 220,000 | |

| 8日 | （買掛金・沖縄商店） | 400,000 | （普　通　預　金） | 400,000 | |

| 10日 | （仕　　　　　入） | 820,000 | （買掛金・長崎商店） | 820,000 | ←　③ |

| 15日 | （仕　　　　　入） | 700,000 | （買掛金・沖縄商店） | 700,000 | |

| 16日 | （買掛金・沖縄商店） | 700,000 | （仕　　　　　入） | 700,000 | ←　⑤ |

16日　買掛金・沖縄商店：沖縄商店勘定の適用に「返品」とあるので、貸方勘定は「仕入」となります。

| 18日 | （仕　　　　　入） | 760,000 | （買掛金・沖縄商店） | 760,000 | ←　① |

| 20日 | （買掛金・長崎商店） | 220,000 | （普　通　預　金） | 220,000 | |

| 25日 | （買掛金・沖縄商店） | 540,000 | （普　通　預　金） | 540,000 | ←　② |

25日　買掛金・沖縄商店：上記の仕訳を行い、各勘定の空欄を埋めていくと、勘定の貸借差額で金額を求めることができます。

| 27日 | （買掛金・長崎商店） | 500,000 | （普　通　預　金） | 500,000 | |

　　31日　すべての仕入先元帳の残高を合計すると、総勘定元帳の買掛金勘定の残高と一致します。
　　　　　¥700,000（買掛金残高）＝¥320,000（買掛金・長崎商店）＋¥380,000（買掛金・沖縄商店）

　　各勘定に記入すると、次のようになります。

総 勘 定 元 帳
買 掛 金

10/ 5	（ **普 通 預 金** ）	220,000		10/ 1	（ **前 月 繰 越** ）		1,000,000
8	普 通 預 金	400,000		10	（ **仕　　入** ）		820,000
16	（ **仕　　入** ）	700,000		15	（ **仕　　入** ）		700,000
20	（ **普 通 預 金** ）	220,000		18	仕　　入	（ ① 760,000 ）
25	普 通 預 金	（ ② 540,000 ）				
27	普 通 預 金	500,000				
31	（ **次 月 繰 越** ）	700,000				
		（ 3,280,000 ）					（ 3,280,000 ）

仕 入 先 元 帳
長 崎 商 店

10/ 5	支 払 い	220,000		10/ 1	（ **前 月 繰 越** ）	440,000
20	支 払 い	（ 220,000 ）		10	仕 入 れ	（ ③ 820,000 ）
27	支 払 い	500,000				
31	（ **次 月 繰 越** ）	320,000				
		（ 1,260,000 ）				（ 1,260,000 ）

沖 縄 商 店

10/ 8	（ **支 払 い** ）	400,000		10/ 1	（ **前 月 繰 越** ）	（ ④ 560,000 ）
16	返　　品	（ ⑤ 700,000 ）		15	仕 入 れ	700,000
25	支 払 い	（ 540,000 ）		18	（ **仕 入 れ** ）	760,000
31	（ **次 月 繰 越** ）	380,000				
		2,020,000				2,020,000

第3問 (35点)

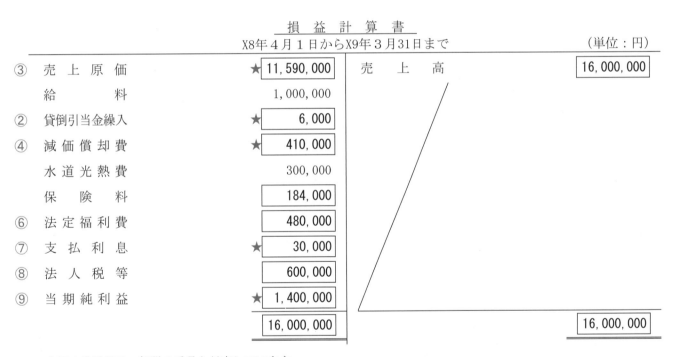

貸 借 対 照 表
X9年3月31日　　　　　　　　　　　　　　　(単位：円)

	現　　　金		320,000	買　掛　金		600,000	
	普 通 預 金		1,854,000	借　入　金		2,400,000	
①	売　掛　金	1,200,000		前　受　金	★ 300,000		①
②	貸倒引当金	12,000	★ 1,188,000	未 払 消 費 税	★ 160,000		⑤
③	商　　　品		300,000	未払法人税等	600,000		⑧
⑦	前 払 費 用		★ 42,000	未 払 費 用	★ 40,000		⑥
	建　　　物	4,000,000		社会保険料預り金	40,000		
④	減価償却累計額	1,120,000	2,880,000	資　本　金	6,000,000		
	備　　　品	1,400,000		繰越利益剰余金	☆ 2,944,001		⑩
④	減価償却累計額	899,999	★ 500,001				
	土　　　地		6,000,000				
			13,084,001			13,084,001	

損 益 計 算 書
X8年4月1日からX9年3月31日まで　　　　　　(単位：円)

③	売 上 原 価	★ 11,590,000	売　上　高	16,000,000	
	給　　　料	1,000,000			
②	貸倒引当金繰入	★ 6,000			
④	減 価 償 却 費	★ 410,000			
	水 道 光 熱 費	300,000			
	保　険　料	184,000			
⑥	法 定 福 利 費	480,000			
⑦	支 払 利 息	★ 30,000			
⑧	法 人 税 等	600,000			
⑨	当 期 純 利 益	★ 1,400,000			
		16,000,000		16,000,000	

＊　上記の○番号は、解説の番号と対応しています。

★1つにつき3点
☆1つにつき2点
合計35点

第4回

Step 1 決算整理仕訳を行い、貸借対照表と損益計算書に記入する

①仮受金の処理

「仮受金」は得意先から売掛金を回収したものと受領した手付金であることが判明したので、「仮受金」を減少させます。また、「売掛金」を減少させるとともに「前受金」を増加させます。

| （仮　　　受　　　金） | 400,000 | （売　　　掛　　　金） | 100,000 |
| | | （前　　　受　　　金） | 300,000 * |

　　　　＊　￥400,000－￥100,000＝￥300,000

売掛金：￥1,300,000－￥100,000＝**￥1,200,000**

前受金：**￥300,000**

②貸倒引当金の設定

⑴　貸倒引当金の当期設定額を求めます。

　　貸倒引当金（売掛金）：（￥1,300,000－￥100,000①）×1％＝**￥12,000**

⑵　⑴の金額と決算整理前残高試算表の金額との差額を求め、貸倒引当金の繰入額を算定します。

　　￥12,000－￥6,000＝￥6,000

| （貸　倒　引　当　金　繰　入） | 6,000 | （貸　倒　引　当　金） | 6,000 |

貸倒引当金繰入：**￥6,000**

③売上原価の算定（仕入勘定で売上原価を算定すると仮定）

⑴　決算整理前残高試算表の「繰越商品」（期首商品棚卸高）を「仕入」に振り替えます。

| （仕　　　　　　　入） | 290,000 | （繰　　越　　商　　品） | 290,000 |

⑵　期末商品棚卸高を「仕入」から「繰越商品」に振り替えます。

| （繰　　越　　商　　品） | 300,000 | （仕　　　　　　　入） | 300,000 |

繰越商品 → 商　　品（表示科目）：￥290,000－￥290,000＋￥300,000＝**￥300,000**

仕　　　入 → 売上原価（表示科目）：￥11,600,000＋￥290,000－￥300,000＝**￥11,590,000**

④減価償却費

備品は￥1,000,000についてのみ減価償却を行います。

　建物：￥4,000,000÷25年＝￥160,000

　備品：￥1,000,000÷4年＝￥250,000

| （減　価　償　却　費） | 410,000 | （建物減価償却累計額） | 160,000 |
| | | （備品減価償却累計額） | 250,000 |

減　価　償　却　費：￥160,000＋￥250,000＝**￥410,000**

建物減価償却累計額 → 減価償却累計額（表示科目）：￥960,000＋￥160,000＝**￥1,120,000**

備品減価償却累計額 → 減価償却累計額（表示科目）：￥649,999＋￥250,000＝**￥899,999**

⑤消費税の処理

決算において、「仮受消費税」と「仮払消費税」との差額を「未払消費税」で処理します。

未払消費税：￥1,400,000－￥1,240,000＝**￥160,000**

| （仮　受　消　費　税） | 1,400,000 | （仮　払　消　費　税） | 1,240,000 |
| | | （未　払　消　費　税） | 160,000 |

⑥法定福利費の未払計上

社会保険料の当社負担分は、「法定福利費」で処理します。

（法 定 福 利 費）	40,000	（未 払 法 定 福 利 費）	40,000

法 定 福 利 費：¥440,000＋¥40,000＝**¥480,000**

未払法定福利費 → 未払費用（表示科目）：**¥40,000**

⑦利息の前払い

11月1日に、1年（12か月）分の支払利息を差し引かれて、支払っているので、7か月分の利息が前払いとなります。

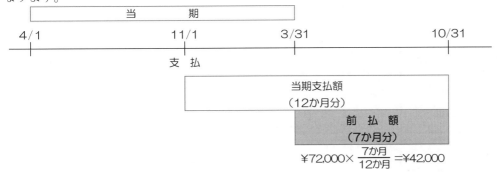

（前 払 利 息）	42,000	（支 払 利 息）	42,000

前払利息 → 前払費用（表示科目）：**¥42,000**

支払利息：¥72,000－¥42,000＝**¥30,000**

Point

収益・費用の「前払い・前受け」「未収・未払い」

　頭の文字に、「前」・「未」が付く科目であれば、貸借対照表に載せるものと覚えておきましょう。

　また、表示科目を記入するときは、間違えやすいので注意しましょう。

貸借対照表

（借　方）	（貸　方）		
前　払	未　払	←	費　用
未　収	前　受	←	収　益

---

⑧未払法人税等

中間納付をしていないので、法人税等の金額は¥600,000となります。

未払法人税等：**¥600,000**

法 人 税 等：**¥600,000**

（法 人 税 等）	600,000	（未 払 法 人 税 等）	600,000

Step 2　その他の勘定科目の金額を貸借対照表・損益計算書に記入する

Step 1 の決算整理仕訳で変動のなかった決算整理前残高試算表の勘定科目の金額を、それぞれ貸借対照表・損益計算書に記入します。

Step 3　当期純利益（純損失）の算定

損益計算書の貸借差額を、当期純利益（または当期純損失）として記入します。

損益計算書（貸方）¥16,000,000－（借方）¥14,600,000＝**¥1,400,000**（当期純利益）… ⑨

貸借対照表の繰越利益剰余金は、決算整理前残高試算表の金額に当期純利益（または当期純損失）の金額を加減した金額となります。

繰越利益剰余金：¥1,544,001＋¥1,400,000＝**¥2,944,001**… ⑩

Point

　当期純利益（または当期純損失）の金額は、繰越利益剰余金に加減する。

第5回　解答・解説

第1問（45点）　　＊　勘定科目は**記号での解答**となります。参考として、勘定科目も記入しています。

1

借方科目		金額	貸方科目		金額
貸　付　金	イ	300,000	普 通 預 金	ウ	296,400
			受 取 利 息	オ	3,600

普通預金：¥300,000－¥3,600＝¥296,400

Point
借用証書による貸付けは、「貸付金」で処理します。

2

借方科目		金額	貸方科目		金額
仮払法人税等	エ	2,500,000	現　　　　金	ア	2,500,000

仮払法人税等：¥1,400,000＋¥400,000＋¥700,000＝¥2,500,000

Point
法人税等を中間納付した場合、「仮払法人税等」で処理します。

3

借方科目		金額	貸方科目		金額
買　掛　金	ウ	20,000	仕　　　　入	カ	20,000

Point
仕入返品なので、仕入時の仕訳と貸借逆仕訳となります。

4

借方科目		金額	貸方科目		金額
当 座 預 金	ア	120,000	償却債権取立益	オ	120,000

Point
償却済みの債権を回収したときは、「償却債権取立益（収益）」で処理します。

5

借方科目		金額	貸方科目		金額
消 耗 品 費	オ	200,000	未　払　金	エ	1,400,000
備　　　品	ウ	1,200,000			

Point
営業目的（商品売買）以外の未払いとなるので、「未払金」で処理します。

6

借方科目		金額	貸方科目		金額
建　　　物	ウ	3,200,000	普 通 預 金	イ	4,000,000
修　繕　費	オ	800,000			

Point
資本的支出は取得原価の増加として、収益的支出は費用として処理します。

7

借方科目		金額	貸方科目		金額
繰越利益剰余金	カ	440,000	未 払 配 当 金	ウ	400,000
			利 益 準 備 金	オ	40,000

繰越利益剰余金：¥400,000＋¥40,000＝¥440,000

Point
株主総会時には、株主配当金は未払いなので、「未払配当金」で処理します。

8

借方科目		金額	貸方科目		金額
現　　　　金	ア	30,000	受 取 商 品 券	ウ	30,000

Point
商品券を受け取ったときに、「受取商品券」で処理しています。

9	借方科目		金額	貸方科目		金額
	貸倒引当金	イ	64,000	売　掛　金	ア	104,000
	貸 倒 損 失	オ	40,000			

売掛金：¥64,000＋¥40,000＝¥104,000

Point
当期の売上げにより生じた売掛金の貸倒れは、「貸倒損失」で処理します。

10	借方科目		金額	貸方科目		金額
	現　　　　金	ア	10,000,000	資　本　金	エ	10,000,000

資本金：@¥100,000×100株＝¥10,000,000

Point
株式発行に伴う払込金は「資本金」で処理します。

11	借方科目		金額	貸方科目		金額
	支 払 家 賃	カ	400,000	普 通 預 金	イ	1,200,000
	差 入 保 証 金	ウ	800,000			

普通預金：¥400,000＋¥800,000＝¥1,200,000

Point
敷金は「差入保証金」で処理します。

12	借方科目		金額	貸方科目		金額
	当 座 預 金	イ	200,000	普 通 預 金	ウ	4,200,000
	定 期 預 金	エ	4,000,000			

普通預金：¥200,000＋¥4,000,000＝¥4,200,000

Point
当座借越契約を締結することで、預金残高が不足しても限度額までは小切手を振り出すことができます。

13	借方科目		金額	貸方科目		金額
	給　　　料	カ	2,000,000	所得税預り金	エ	148,000
				社会保険料預り金	オ	186,000
				普 通 預 金	ウ	1,666,000

普通預金：¥2,000,000－¥148,000－¥186,000＝¥1,666,000

Point
所得税の源泉徴収額は「所得税預り金」、社会保険料は「社会保険料預り金」で処理します。

14	借方科目		金額	貸方科目		金額
	クレジット売掛金	ア	570,000	売　　　　上	ウ	600,000
	支 払 手 数 料	カ	30,000			

支 払 手 数 料：¥600,000×5％＝¥30,000
クレジット売掛金：¥600,000－¥30,000＝¥570,000

Point
クレジット売掛金は、信販会社に対する債権となります。

15	借方科目		金額	貸方科目		金額
	未 払 消 費 税	カ	280,000	普 通 預 金	イ	280,000

Point
科目が消費税及び地方消費税とあり、確定申告に○が付いているので、確定申告時の納付と判断します。

仕訳1組につき3点　合計45点

第5回

第2問（20点）
問1

商 品 有 高 帳
X 商 品

（先入先出法）

X8年		摘　要	受　入			払　出			残　高		
			数　量	単　価	金　額	数　量	単　価	金　額	数　量	単　価	金　額
5	1	前 月 繰 越	200	200	40,000				200	200	40,000
	12	仕　　　入	1,000	180	180,000				200	200	40,000
									1,000	180	180,000
	25	売　　　上				③ 200	④ 200	40,000			
						② 600	180	108,000	① 400	180	72,000
	28	仕　　　入	600	190	114,000				400	180	72,000
									600	190	114,000

■　１つにつき２点　合計10点

【解説】

商品有高帳の作成（先入先出法）

　［資料］の仕入帳・売上帳の日付ごとに各取引を、先入先出法によって商品有高帳へ記入していきます。先入先出法のため、単価が異なる場合は分けて記入します。

　なお、前月繰越の商品の数量と単価は、25日の売上の払出欄の記入によって、逆算して求めることができます。

　5月1日　摘要欄　前月繰越：前月繰越分を「受入欄」「残高欄」に記入します。

　　　　　　　　　数量と単価は、25日の記入で判明してから埋めます。

　　12日　摘要欄　仕入

　　　　　受入欄　1,000個×@¥180＝¥180,000

　　　　　残高欄 ┌ 200個×@¥200＝¥40,000（前月繰越分）

　　　　　　　　 └ 1,000個×@¥180＝¥180,000（12日仕入分）

　　　　　　　　前月繰越分の数量と単価は、25日の記入で判明してから埋めます。

　　25日　摘要欄　売上

25日在庫分　①　残高の金額と12日仕入分の単価より個数を求めます。¥72,000÷@¥180＝400個

12日仕入分　②　1,000個（仕入数量）—① 400個（25日在庫分）＝600個（25日販売分）

25日売上分　③　800個（売上数量）—② 600個（12日仕入分）＝200個（前月繰越分）

前月繰越分　④　¥40,000÷200個＝@¥200

　　　　　払出欄 ┌ 200個×@¥200＝¥40,000（前月繰越分）

　　　　　　　　 └ 600個×@¥180＝¥108,000（12日仕入分）

　　　　　残高欄　400個×@¥180＝¥72,000（12日仕入分）

　　28日　摘要欄　仕入

　　　　　受入欄　600個×@¥190＝¥114,000

　　　　　残高欄 ┌ 400個×@¥180＝¥72,000（12日仕入分）

　　　　　　　　 └ 600個×@¥190＝¥114,000（28日仕入分）

問2

1	小売業を営む企業の総勘定元帳の勘定科目として存在する可能性があるものは	③	（損益）である。
2	決算においてのみ行われる仕訳ではないものは ① （仮払消費税の計上）と ④ （現金の勘定残高と実査高の差額の処理）である。		
3	決算整理前の合計試算表の貸方に金額が存在することがない勘定は ② （繰越商品）である。ただし、誤った仕訳や訂正仕訳は行っていないものとする。		
4	簿記上の組み合わせとして存在しないものは ③ （資本の減少と費用の発生）である。		

1つにつき2点　合計10点

解 説

1．損益勘定は、当期純利益（損失）を計算するために、決算のときだけ設けられる勘定科目です。それ以外の語句は勘定科目ではありません。

2．仮払消費税の計上は、取引を税抜方式で記帳している場合、商品の購入時などに計上されます。また、日々の取引の仕訳処理（期中仕訳）において、現金の勘定残高と実査高に差異が発覚した場合は、現金過不足勘定で処理し、現金の勘定残高を実査高に合わせるとともに、差異の原因の調査をします。

3．繰越商品勘定は、決算整理仕訳において、売上原価の算定を行うまでは残高が変動しないため、決算整理前の合計試算表の貸方に金額が存在することはありません。
　①　現金過不足：借方・貸方ともに金額を記入する可能性があります。
　③　支 払 利 息：期首再振替仕訳で貸方に金額を記入する可能性があります。
　④　仮　　払　　金：用務が終わり、精算時に貸方に金額を記入する可能性があります。
　⑤　仕　　　　　入：仕入返品時に貸方に金額を記入する可能性があります。

4．「資本の減少」は仕訳の借方に記入され、「費用の発生」もまた仕訳の借方に記入されるため、簿記上の組み合わせとして不適であり、存在しません。
　①　資本の減少　→　仕訳の借方に記入　　　資本の増加　→　仕訳の貸方に記入

例	（繰 越 利 益 剰 余 金）	10,000	（利　益　準　備　金）	10,000

　②　負債の減少　→　仕訳の借方に記入　　　収益の発生　→　仕訳の貸方に記入

例	（前　　受　　金）	10,000	（売　　　　　　上）	10,000

　④　負債の増加　→　仕訳の貸方に記入　　　負債の減少　→　仕訳の借方に記入

例	（買　　掛　　金）	10,000	（電 子 記 録 債 務）	10,000

　⑤　資本の減少　→　仕訳の借方に記入　　　負債の増加　→　仕訳の貸方に記入

例	（繰 越 利 益 剰 余 金）	10,000	（未　払　配　当　金）	10,000

第5回

第3問 (35点)

精　算　表

勘定科目	残高試算表 借方	残高試算表 貸方	修正記入 借方	修正記入 貸方	損益計算書 借方	損益計算書 貸方	貸借対照表 借方	貸借対照表 貸方
現　　　金	713,000						713,000	
③ 当 座 預 金	1,360,000		110,000				1,470,000	
定 期 預 金	2,400,000						2,400,000	
③ 電 子 記 録 債 権	750,000			110,000			★ 640,000	
① 売 掛 金	760,000			100,000			660,000	
⑤ 繰 越 商 品	860,000		800,000	860,000			800,000	
② 仮 払 金	240,000			240,000				
建　　　物	6,000,000						6,000,000	
② 備　　　品	1,600,000		360,000				★ 1,960,000	
電 子 記 録 債 務		615,000						615,000
買 掛 金		680,000						680,000
① 前 受 金		34,000		60,000				★ 94,000
② 未 払 金		76,000		120,000				★ 196,000
① 仮 受 金		160,000	160,000					
④ 貸 倒 引 当 金		28,000		11,000				★ 39,000
⑥ 建物減価償却累計額		2,160,000		270,000				2,430,000
⑥ 備品減価償却累計額		640,000		338,000				★ 978,000
資 本 金		8,000,000						8,000,000
繰 越 利 益 剰 余 金		2,200,000						2,200,000
売　　　上		9,765,000				9,765,000		
⑨ 受 取 家 賃		630,000	90,000			★ 540,000		
⑦ 受 取 利 息		12,000		24,000		★ 36,000		
⑤ 仕　　　入	4,500,000		860,000	800,000	★ 4,560,000			
給　　　料	2,700,000				2,700,000			
旅 費 交 通 費	1,040,000				1,040,000			
水 道 光 熱 費	830,000				830,000			
⑧ 保 険 料	486,000			324,000	162,000			
通 信 費	761,000				761,000			
	25,000,000	25,000,000						
④ 貸 倒 引 当 金 繰 入			11,000		11,000			
⑥ 減 価 償 却 費			608,000		★ 608,000			
⑦ 未 収 利 息			24,000				24,000	
⑧ 前 払 保 険 料			324,000				★ 324,000	
⑨ 前 受 家 賃				90,000				90,000
⑩ 当 期 純 損 失						☆ 331,000	331,000	
			3,347,000	3,347,000	10,672,000	10,672,000	15,322,000	15,322,000

*　上記の○番号は、解説の番号と対応しています。

★　1つにつき3点
☆　1つにつき2点
合計35点

Step 1 決算整理仕訳を行い、修正記入欄・損益計算書欄・貸借対照表欄に記入する

①仮受金の処理

「仮受金」は得意先から売掛金を回収したものと受領した手付金であることが判明したので、「仮受金」を減少させます。また、「売掛金」を減少させるとともに「前受金」を増加させます。

（仮　受　金）	160,000	（売　掛　金）	100,000
		（前　受　金）	60,000 *

＊　¥160,000－¥100,000＝¥60,000

②仮払金の処理

「仮払金」は備品を発注したさいの頭金として支払ったものなので、「仮払金」を減少させます。また、当期中に引渡しが行われているため「備品」を増加させるとともに、支払いは翌期であるため「未払金」を増加させます。なお、引取運賃¥20,000は備品の取得原価に含めます。

（備　　　品）	360,000*1	（仮　払　金）	240,000
		（未　払　金）	120,000 *2

＊1　¥340,000＋¥20,000＝¥360,000
＊2　¥360,000－¥240,000＝¥120,000

③電子記録債権の決済

電子記録債権の支払期日をむかえ、当座預金口座に入金済みなので、「電子記録債権」を減少させ、「当座預金」を増加させます。

（当　座　預　金）	110,000	（電　子　記　録　債　権）	110,000

④貸倒引当金の設定

⑴　貸倒引当金の当期設定額を求めます。

（¥750,000－¥110,000③＋¥760,000－¥100,000①）×3％＝¥39,000
　　　　　　電子記録債権　　　　　　　　　売掛金

⑵　⑴の金額と残高試算表欄の金額との差額を求め、貸倒引当金の繰入額を算定します。

¥39,000－¥28,000＝¥11,000

（貸　倒　引　当　金　繰　入）	11,000	（貸　倒　引　当　金）	11,000

⑤売上原価の算定

⑴　残高試算表欄の「繰越商品」の金額（期首商品棚卸高）を「仕入」に振り替えます。

（仕　　　入）	860,000	（繰　越　商　品）	860,000

⑵　期末商品棚卸高を「仕入」から「繰越商品」に振り替えます。

期末商品棚卸高：＠¥1,600×500個＝¥800,000

（繰　越　商　品）	800,000	（仕　　　入）	800,000

⑥減価償却費の計上

当期の減価償却費を求めます。なお、期中取得分の備品（上記②参照）については、月割計算を忘れないようにしましょう。

建物：¥6,000,000×0.9÷20年＝¥270,000

備品：¥320,000＋¥18,000＝¥338,000

　既　存　分：¥1,600,000÷5年＝¥320,000

　期中取得分：$¥360,000÷5年×\dfrac{3か月}{12か月}＝¥18,000$

（ 減 価 償 却 費 ）	608,000	（ 建物減価償却累計額 ）	270,000
		（ 備品減価償却累計額 ）	338,000

⑦利息の未収計上

定期預金の利息について、当期の収益とすべき146日分を未収計上します。

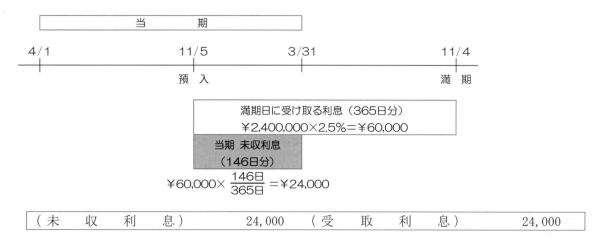

（ 未　収　利　息 ）	24,000	（ 受　取　利　息 ）	24,000

⑧保険料の前払計上

保険料は12月1日に1年分（12か月分）を支払っているので、8か月分が前払いとなります。

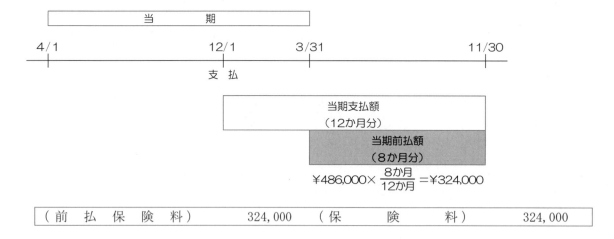

（ 前　払　保　険　料 ）	324,000	（ 保　　険　　料 ）	324,000

⑨家賃の前受計上

　毎年６月１日と12月１日に、向こう半年分の家賃（毎回同額）を受け取っています。残高試算表欄の受取家賃は、期首に行った再振替分である２か月分（４月〜５月）と、当期に受け取った12か月分の合計、14か月分となります。

　そのため、２か月分の家賃が前受けとなります。

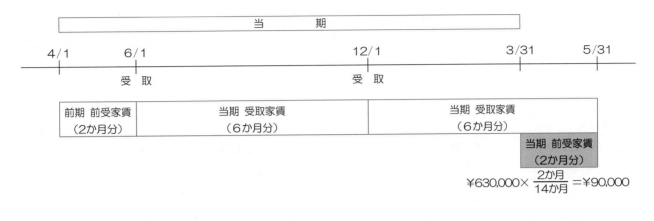

| （受　取　家　賃） | 90,000 | （前　受　家　賃） | 90,000 |

Step 2 その他の勘定科目の金額を損益計算書欄・貸借対照表欄に記入する

　Step 1 の決算整理仕訳で変動のなかった残高試算表欄の勘定科目の金額を、それぞれ損益計算書欄・貸借対照表欄に記入します。

Step 3 当期純利益（純損失）の算定

　損益計算書欄・貸借対照表欄のそれぞれの貸借差額を当期純利益（または当期純損失）として記入します。

　損益計算書欄（貸方）¥10,341,000－（借方）¥10,672,000＝△¥331,000（純損失）

　貸借対照表欄（借方）¥14,991,000－（貸方）¥15,322,000＝△¥331,000（純損失）　⑩

Point

　　損益計算書欄および貸借対照表欄の当期純利益（または当期純損失）の金額は一致します。

第6回 解答・解説

第1問（45点）　＊ 勘定科目は**記号での解答**となります。参考として、勘定科目も記入しています。

	借方科目		金額	貸方科目		金額	
1	仕　　　入	カ	3,260,000	前　払　金	イ	400,000	Point 当社は自動車販売業を営んでいて、販売目的の中古自動車の購入なので、商品の仕入れとなります。
				買　掛　金	エ	2,800,000	
				現　　　金	ア	60,000	

　買掛金：¥3,200,000－¥400,000＝¥2,800,000
　仕　入：¥3,200,000＋¥60,000＝¥3,260,000

	借方科目		金額	貸方科目		金額	
2	当座預金	イ	5,000,000	普通預金	ウ	5,000,000	Point 手数料は「支払手数料」で処理します。
	支払手数料	カ	2,000	現　　　金	ア	2,000	

	借方科目		金額	貸方科目		金額	
3	受取商品券	エ	200,000	売　　　上	オ	300,000	Point 商品販売時に商品券を受け取ったときは「受取商品券」で処理します。
	現　　　金	ア	100,000				

　現金：¥300,000－¥200,000＝¥100,000

	借方科目		金額	貸方科目		金額	
4	備　　　品	エ	1,460,000	当座預金	イ	700,000	Point 搬入設置費用は、付随費用として備品の取得原価に含めます。
				未　払　金	カ	760,000	

　未払金：¥1,460,000－¥700,000＝¥760,000

	借方科目		金額	貸方科目		金額	
5	普通預金	イ	20,000,000	資　本　金	エ	20,000,000	Point 株式発行に伴う払込金は「資本金」で処理します。

　資本金：@¥100,000×200株＝¥20,000,000

	借方科目		金額	貸方科目		金額	
6	手形貸付金	ウ	2,600,000	当座預金	ア	2,600,000	Point 手形を受け取って貸し付けた場合、「手形貸付金」で処理します。

	借方科目		金額	貸方科目		金額	
7	仮　払　金	イ	60,000	現　　　金	ア	60,000	Point 金額が確定していないので、「仮払金」で処理します。

	借方科目		金額	貸方科目		金額
8	差 入 保 証 金	エ	720,000	当 座 預 金	ウ	1,080,000
	支 払 手 数 料	カ	360,000			

差入保証金：¥360,000×2か月分＝¥720,000
当座預金：¥720,000＋¥360,000＝¥1,080,000

Point
敷金は「差入保証金」、仲介手数料は「支払手数料」で処理します。

	借方科目		金額	貸方科目		金額
9	繰越利益剰余金	ウ	800,000	損　　　益	エ	800,000

繰越利益剰余金：¥3,200,000－¥4,000,000＝△¥800,000

Point
「収益総額＜費用総額」の場合、当期純損失となるので、損益勘定は借方残高となります。

	借方科目		金額	貸方科目		金額
10	仮払法人税等	エ	120,000	普 通 預 金	イ	120,000

Point
科目が法人税とあり、中間申告に〇が付いているので、中間申告時の納付と判断します。

	借方科目		金額	貸方科目		金額
11	電子記録債権	ア	800,000	売 　掛 　金	イ	800,000

Point
売掛金の回収として、電子記録債権が発生したと考えます。

	借方科目		金額	貸方科目		金額
12	前 　受 　金	エ	520,000	売 　掛 　金	ア	2,080,000
	貸 倒 引 当 金	オ	1,000,000			
	貸 　倒 　損 　失	カ	560,000			

¥2,080,000－¥520,000＝¥1,560,000（貸倒額）
¥1,560,000－¥1,000,000＝¥560,000（貸倒引当金の超過額）→ 貸倒損失

Point
貸倒引当金の残高を超える貸倒額は、「貸倒損失」で処理します。

	借方科目		金額	貸方科目		金額
13	従業員立替金	イ	10,000	現 　　　金	ア	10,000

Point
従業員に対する立替金となるので、「従業員立替金」で処理します。

	借方科目		金額	貸方科目		金額
14	給 　　　料	カ	2,000,000	所得税預り金	エ	72,000
				社会保険料預り金	オ	114,000
				普 通 預 金	ウ	1,814,000

普通預金：¥2,000,000－¥72,000－¥114,000＝¥1,814,000

Point
所得税の源泉徴収額は「所得税預り金」、本人負担の社会保険料は「社会保険料預り金」で処理します。

	借方科目		金額	貸方科目		金額
15	仕 　　　入	カ	168,000	買 　掛 　金	ウ	184,800
	仮 払 消 費 税	イ	16,800			

仕入：¥48,000＋¥120,000＝¥168,000

Point
税抜方式で記帳するので、仕入は消費税を除いた金額となります。

仕訳1組につき3点　合計45点

第6回

第2問 (20点)
問1

備　品

日付		摘要	借方	日付		摘要	貸方
X8	4	1	前 期 繰 越	①★ 1,680,000	X8	9	30	諸　　　口	600,000

備　品

日	付	摘　要	借　方	日	付	摘　要	貸　方
X8	4　1	前 期 繰 越	①★ 1,680,000	X8	9　30	諸　　　口	600,000
	10　1	普 通 預 金	660,000	X9	3　31	次 期 繰 越	②★ 1,740,000
			2,340,000				2,340,000
X9	4　1	前 期 繰 越	1,740,000				

備品減価償却累計額

日	付	摘　要	借　方	日	付	摘　要	貸　方
X8	9　30	備　　　品	③★ 360,000	X8	4　1	前 期 繰 越	540,000
X9	3　31	次 期 繰 越	④★ 426,000	X9	3　31	減 価 償 却 費	⑤★ 246,000
			786,000				786,000
				X9	4　1	前 期 繰 越	426,000

＊　上記の〇番号は、解説の番号と対応しています。

★1つにつき2点　合計10点

解説

Step 1　各備品の状況の確認

　　各勘定の日付欄より、当期はX8年4月1日からX9年3月31日までとわかります。
　　備品Aと備品Bは取得日より、当期以前に取得したものとわかるので、各備品の取得日から前期末までの経過月数を確認します。なお、備品Aは各勘定の日付より、X8年9月30日に売却していると判断できるため、売却時に6か月分の減価償却費を計上していることになります。
　　備品Cは取得日より、当期に取得したものとわかるので、当期の経過月数を確認します。

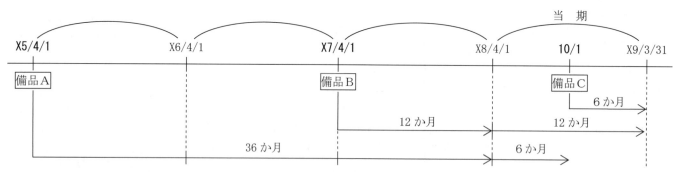

1か月あたりの減価償却費

備品A：¥　600,000÷60か月＝¥10,000　　耐用年数5年 → 60か月
備品B：¥1,080,000÷72か月＝¥15,000　　耐用年数6年 → 72か月
備品C：¥　660,000÷60か月＝¥11,000　　耐用年数5年 → 60か月

Step 2　各勘定における金額の推定

①　備品の前期繰越額となるので、備品Aと備品Bの取得原価の合計となります。
　　¥600,000＋¥1,080,000＝¥1,680,000
　　　備品A　　　　備品B

② 備品Aは、当期中に売却しているので、備品Bと備品Cの取得原価の合計となります。

¥1,080,000＋¥660,000＝¥1,740,000
　　備品B　　　　備品C

③ 備品Aを売却しているので、備品Aの取得日から前期末までの減価償却累計額となります。

（備品減価償却累計額）	360,000 *1	（備	品）	600,000
（減 価 償 却 費）	60,000 *2			
（現 金 な ど）	160,000			
（固定資産売却損）	20,000			

　＊1　¥10,000×36か月＝¥360,000
　＊2　¥10,000×6か月＝¥60,000

⑤ 備品Aは9月30日に売却しているため、備品Bと備品Cの減価償却費の合計となります。

¥15,000×12か月＋¥11,000×6か月＝¥246,000
　　備品B　　　　　　　備品C

④ 上記より、③と⑤の金額が判明したので、貸借差額により計算します。

¥540,000＋¥246,000－¥360,000＝¥426,000
　前期繰越　　　　⑤　　　　　③

問2

(1)

出 金 伝 票	
科　　　目	金　　　額

振 替 伝 票			
借 方 科 目	金　　　額	貸 方 科 目	金　　　額
⑤（旅費交通費）	8,000	②（仮払金）	8,000

(2)

出 金 伝 票	
科　　　目	金　　　額
③（買掛金）	400,000

振 替 伝 票			
借 方 科 目	金　　　額	貸 方 科 目	金　　　額
④（仕入）	2,000,000	③（買掛金）	2,000,000

(1)(2) それぞれ完答して5点　合計10点

解説

(1) 使用したときに費用処理するため、使用分を「仮払金」から「旅費交通費」に振り替えることになります。なお、現金の増減がないため、出金伝票には記入しません。

取引の仕訳

（旅 費 交 通 費）	8,000	（仮 払 金）	8,000

(2) 中古車販売業を営んでいるため、販売用の中古車の購入は、商品の仕入れとなります。

振替伝票の貸方の金額が¥2,000,000と記入されているため、**いったん全額を掛取引として起票**する方法を採用していると判断します。

取引の仕訳

（仕 入）	2,000,000	（現 金）	400,000
		（買 掛 金）	1,600,000

いったん全額を掛取引として起票する方法での仕訳

①掛仕入

（仕 入）	2,000,000	（買 掛 金）	2,000,000

②買掛金の支払い

（買 掛 金）	400,000	（現 金）	400,000

第6回

第3問 (35点)

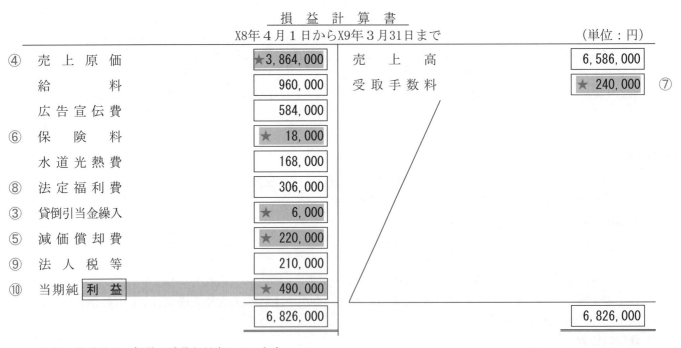

貸 借 対 照 表
X9年3月31日　　　　　　　　　　　　　　　　(単位：円)

	現　　　金		550,000	買　掛　金		454,000	
	普 通 預 金		1,142,000	前　受　金	★ 60,000		①
①	売　掛　金	800,000		社会保険料預り金		26,000	
③	貸倒引当金	16,000	784,000	借　入　金	★ 452,000		②
④	商　　　品		218,000	未 払 費 用	★ 26,000		⑧
⑥	未 収 入 金		★ 18,000	未払法人税等	★ 118,000		⑨
⑦	未 収 収 益		40,000	資　本　金		3,600,000	
	建　　　物	1,800,000		繰越利益剰余金	☆ 1,436,000		⑪
⑤	減価償却累計額	420,000	1,380,000				
	備　　　品	800,000					
⑤	減価償却累計額	640,000	160,000				
	土　　　地		1,880,000				
			6,172,000			6,172,000	

損 益 計 算 書
X8年4月1日からX9年3月31日まで　　　　　　　　　　(単位：円)

④	売 上 原 価	★ 3,864,000	売　上　高	6,586,000	
	給　　　料	960,000	受取手数料	★ 240,000	⑦
	広 告 宣 伝 費	584,000			
⑥	保　険　料	★ 18,000			
	水 道 光 熱 費	168,000			
⑧	法 定 福 利 費	306,000			
③	貸倒引当金繰入	★ 6,000			
⑤	減 価 償 却 費	★ 220,000			
⑨	法 人 税 等	210,000			
⑩	当期純 利 益	★ 490,000			
		6,826,000		6,826,000	

＊　上記の〇番号は、解説の番号と対応しています。

★ 1つにつき3点
☆ 1つにつき2点
合計35点

Step 1 決算整理仕訳を行い、貸借対照表と損益計算書へ記入する

①誤処理の訂正

売掛金の代金を現金で受け取ったさい、誤って前受金として計上していたので、「前受金」を取り消し、「売掛金」を減少させます。

(前 受 金)	140,000	(売 掛 金)	140,000

前受金：￥200,000－￥140,000＝**￥60,000**

売掛金：￥940,000－￥140,000＝**￥800,000**

②借入金への振替え

決算時に当座預金勘定が貸方残高となっている場合、銀行からの借入れと考え、「借入金」に振り替えます。

(当 座 預 金)	452,000	(借 入 金)	452,000

借入金：**￥452,000**

③貸倒引当金の設定

⑴ 貸倒引当金の当期設定額を求め、貸借対照表に記入します。

貸倒引当金：（￥940,000－￥140,000①）×2％＝**￥16,000**

⑵ ⑴の金額と貸倒引当金の残高との差額を求め、貸倒引当金の繰入額を算定します。

￥16,000－￥10,000＝￥6,000

(貸 倒 引 当 金 繰 入)	6,000	(貸 倒 引 当 金)	6,000

貸倒引当金繰入：**￥6,000**

④売上原価の算定（仕入勘定で売上原価を算定すると仮定）

⑴ 残高試算表の「繰越商品」（期首商品棚卸高）を「仕入」に振り替えます。

(仕 入)	282,000	(繰 越 商 品)	282,000

⑵ 期末商品棚卸高を「仕入」から「繰越商品」に振り替えます。

(繰 越 商 品)	218,000	(仕 入)	218,000

繰越商品 → 商 品(表示科目)：￥282,000－￥282,000＋￥218,000＝**￥218,000**

仕 入 → 売上原価(表示科目)：￥3,800,000＋￥282,000－￥218,000＝**￥3,864,000**

⑤減価償却費

当期の減価償却費を求めます。

建物：￥1,800,000÷30年＝￥60,000

備品：￥800,000÷5年＝￥160,000

合計：￥60,000＋￥160,000＝**￥220,000**

(減 価 償 却 費)	220,000	(建物減価償却累計額)	60,000
		(備品減価償却累計額)	160,000

建物減価償却累計額 → 減価償却累計額(表示科目)：￥360,000＋￥60,000＝**￥420,000**

備品減価償却累計額 → 減価償却累計額(表示科目)：￥480,000＋￥160,000＝**￥640,000**

⑥保険料の返金

　全額当期の８月１日に向こう１年分として支払ったものですが、解約により２月１日以降の６か月（２月～７月）分の保険料が、保険会社より月割で返金される予定です。そのため、６か月分の「保険料」を減少させ、この分を未収入金に振り替えます。

返金分：$¥36,000 × \dfrac{6か月}{12か月} = ¥18,000$

（未　収　入　金）	18,000	（保　　険　　料）	18,000

未収入金：**¥18,000**

保　険　料：**¥36,000－¥18,000＝¥18,000**

⑦手数料の未収計上

　手数料の未収分を計上します。

（未　収　手　数　料）	40,000	（受　取　手　数　料）	40,000

未収手数料　→　未収収益(表示科目)：**¥40,000**

受取手数料：**¥200,000＋¥40,000＝¥240,000**

⑧法定福利費の未払計上

　法定福利費の未払分を計上します。

（法　定　福　利　費）	26,000	（未　払　法　定　福　利　費）	26,000

法定福利費：**¥280,000＋¥26,000＝¥306,000**

未払法定福利費　→　未払費用(表示科目)：**¥26,000**

---

*P*oint ─ 収益・費用の「前払い・前受け」「未収・未払い」

　頭の文字に、「前」・「未」が付く科目であれば、貸借対照表に載せるものと覚えておきましょう。
　また、表示科目を記入するときは、間違えやすいので注意しましょう。

貸借対照表

（借　方）	（貸　方）	
前　払	未　払	← 費　用
未　収	前　受	← 収　益

---

⑨法人税等

　残高試算表に「仮払法人税等」が計上されているので、中間納付をしていると判断します。法人税等と仮払法人税等との差額を「未払法人税等」として計上します。

未払法人税等：**¥210,000－¥92,000＝¥118,000**

（法　人　税　等）	210,000	（仮　払　法　人　税　等）	92,000
		（未　払　法　人　税　等）	118,000

法人税等：**¥210,000**

の決算整理仕訳で変動のなかった残高試算表の勘定科目の金額を、それぞれ損益計算書・貸借対照表に記入します。

Step 3 当期純利益（純損失）の算定

損益計算書の貸借差額を、当期純利益（または当期純損失）として記入します。

損益計算書（貸方）¥6,826,000－（借方）¥6,336,000＝**¥490,000**（**当期純利益**）… ⑩

貸借対照表の繰越利益剰余金は、残高試算表の金額に当期純利益（または当期純損失）の金額を加減した金額となります。

繰越利益剰余金：¥946,000＋¥490,000＝**¥1,436,000** … ⑪

*P*oint _____

当期純利益（または当期純損失）の金額は、繰越利益剰余金に加減する。

第6回

第7回　解答・解説

第1問（45点）　＊ 勘定科目は**記号での解答**となります。参考として、勘定科目も記入しています。

	借方科目		金額	貸方科目		金額
1	備品減価償却累計額	エ	2,400,000	備　　　品	ウ	3,000,000
	減 価 償 却 費	オ	300,000	固定資産売却益	カ	20,000
	未 収 入 金	イ	320,000			

備品減価償却累計額：¥3,000,000÷5年×4年＝¥2,400,000

減 価 償 却 費：¥3,000,000÷5年× $\dfrac{6か月}{12か月}$ ＝¥300,000

固定資産売却益：¥20,000
　売却価額：¥320,000
　帳簿価額：¥3,000,000－¥2,400,000－¥300,000＝¥300,000
　売却損益：¥320,000－¥300,000＝¥20,000（売却益）

Point
前期末までに4年（X4年4月1日～X8年3月31日）経過しています。また、当期首から売却時点まで6か月（X8年4月1日～X8年9月30日）経過しています。

（売却時点の）帳簿価額＝取得原価－減価償却累計額－減価償却費

売却価額－帳簿価額
　＋の場合 → 売却益
　－の場合 → 売却損

	借方科目		金額	貸方科目		金額
2	当 座 預 金	イ	460,000	クレジット売掛金	エ	460,000

Point
クレジット売掛金は、信販会社に対する債権となります。

	借方科目		金額	貸方科目		金額
3	仕　　　　　入	カ	600,000	買 掛 金	ウ	660,000
	仮 払 消 費 税	イ	60,000			

仮払消費税：¥600,000×10％＝¥60,000
買 掛 金：¥600,000＋¥60,000＝¥660,000

Point
税抜方式で記帳するので、仕入は消費税を除いた金額となります。

	借方科目		金額	貸方科目		金額
4	当座預金NS銀行	イ	400,000	現　　　　　金	ア	800,000
	当座預金KF信用金庫	ウ	400,000			

現金：¥400,000＋¥400,000＝¥800,000

Point
管理のために、「当座預金○○銀行」と銀行名を付して、勘定を設定することがあります。

	借方科目		金額	貸方科目		金額
5	普 通 預 金	イ	100,000	償却債権取立益	エ	100,000

Point
償却済みの債権を回収したときは、「償却債権取立益（収益）」で処理します。

	借方科目		金額	貸方科目		金額
6	当 座 借 越	カ	100,000	当 座 預 金	イ	100,000

Point
前期の決算において、当座預金勘定が貸方残高となっています。

	借方科目		金額	貸方科目		金額
7	定 期 預 金	ウ	1,000,000	現　　　　　金	ア	1,000,000

Point
利息を受け取る目的で、余剰資金を定期預金に預け入れることがあります。

	借方科目		金額	貸方科目		金額		Point
8	前 払 金	ウ	120,000	現 金	ア	120,000		手付金を支払ったときは、「前払金」で処理します。

	借方科目		金額	貸方科目		金額		Point
9	電子記録債務	オ	240,000	当 座 預 金	ア	240,000		電子記録債務の支払いに関する処理です。

	借方科目		金額	貸方科目		金額		Point
10	当 座 預 金	イ	72,000	受 取 地 代	カ	72,000		地代を受け取ったときは、「受取地代」で処理します。

	借方科目		金額	貸方科目		金額		Point
11	当 座 預 金	ア	160,000	受 取 手 形	エ	160,000		受取手形の回収に関する処理です。

	借方科目		金額	貸方科目		金額		Point
12	普 通 預 金	イ	970,000	借 入 金	エ	1,000,000		利息の前払いとなります。
	支 払 利 息	カ	30,000					

普通預金：¥1,000,000－¥30,000＝¥970,000

	借方科目		金額	貸方科目		金額		Point
13	現 金	ア	40,000	前 受 金	エ	40,000		手付金を受け取ったときは、「前受金」で処理します。

	借方科目		金額	貸方科目		金額		Point
14	売 掛 金	ウ	2,890,000	売 上	エ	2,890,000		得意先から送料込みの金額を受け取る場合、送料の金額も売上に含めて処理します。また、送料は、費用として処理します。
	発 送 費	カ	140,000	当 座 預 金	ア	140,000		

※　出題区分表の改定により、送料を売上に含める仕訳例が公表されました。

	借方科目		金額	貸方科目		金額		Point
15	売 掛 金	ウ	300,000	売 上	オ	300,000		入金伝票に、科目「売上」と記入されていることから、「取引を分解して起票する方法」を採用していると判断します。

入金伝票に記入する仕訳

（現　　　　　金）	100,000	（売　　　　　上）	100,000

仕訳1組につき3点　合計45点

不許複製・禁無断転載

第2問 (20点)
問1

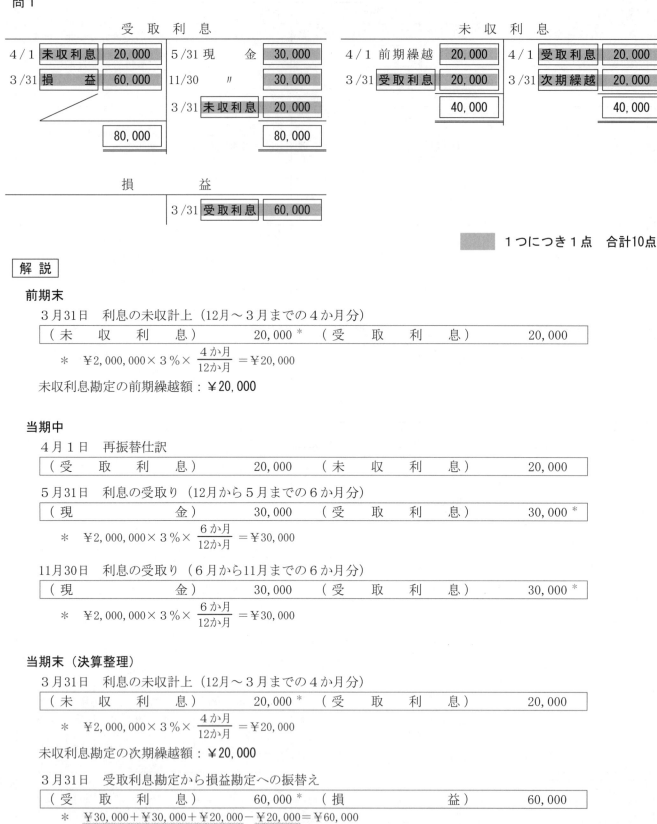

受　取　利　息

4/1	未収利息	20,000	5/31	現　　金	30,000
3/31	損　益	60,000	11/30	〃	30,000
			3/31	未収利息	20,000
		80,000			80,000

未　収　利　息

4/1	前期繰越	20,000	4/1	受取利息	20,000
3/31	受取利息	20,000	3/31	次期繰越	20,000
		40,000			40,000

損　　益

		3/31 受取利息	60,000

▨　1つにつき1点　合計10点

解　説

前期末

3月31日　利息の未収計上 (12月～3月までの4か月分)

(未　収　利　息)	20,000 *	(受　取　利　息)	20,000

$$* \quad ¥2,000,000 \times 3\% \times \frac{4か月}{12か月} = ¥20,000$$

未収利息勘定の前期繰越額：**¥20,000**

当期中

4月1日　再振替仕訳

(受　取　利　息)	20,000	(未　収　利　息)	20,000

5月31日　利息の受取り (12月から5月までの6か月分)

(現　　　　金)	30,000	(受　取　利　息)	30,000 *

$$* \quad ¥2,000,000 \times 3\% \times \frac{6か月}{12か月} = ¥30,000$$

11月30日　利息の受取り (6月から11月までの6か月分)

(現　　　　金)	30,000	(受　取　利　息)	30,000 *

$$* \quad ¥2,000,000 \times 3\% \times \frac{6か月}{12か月} = ¥30,000$$

当期末 (決算整理)

3月31日　利息の未収計上 (12月～3月までの4か月分)

(未　収　利　息)	20,000 *	(受　取　利　息)	20,000

$$* \quad ¥2,000,000 \times 3\% \times \frac{4か月}{12か月} = ¥20,000$$

未収利息勘定の次期繰越額：**¥20,000**

3月31日　受取利息勘定から損益勘定への振替え

(受　取　利　息)	60,000 *	(損　　　　益)	60,000

$$* \quad \underset{貸方}{¥30,000 + ¥30,000} + \underset{借方}{¥20,000 - ¥20,000} = ¥60,000$$

問2

(1)

日付＼補助簿	現金出納帳	当座預金出納帳	商品有高帳	売掛金元帳（得意先元帳）	買掛金元帳（仕入先元帳）	仕入帳	売上帳	固定資産台帳	該当なし
1日	☐	☑	☐	☐	☐	☐	☐	☑	☐
12日	☑	☐	☑	☑	☐	☐	☑	☐	☐
18日	☐	☐	☐	☐	☐	☐	☐	☐	☑
26日	☐	☐	☑	☐	☑	☑	☐	☐	☐

(2)

¥　25,000

 　1つにつき2点　合計10点

解　説

(1)

1日

固定資産台帳 ← （備　　品）1,800,000　（当座預金）1,800,000 → 当座預金出納帳

12日

現金出納帳 ← （現　　金）　200,000　（売　　上）1,200,000 ┐→ 売　上　帳
売掛金元帳 ← （売　掛　金）1,000,000 　　　　　　　　　　　 └→ 商品有高帳 ＊
　　　＊　商品の増減があるため、商品有高帳に記入します。

18日

（消耗品費）　40,000　（未　払　金）　40,000

26日

仕　入　帳 ← （仕　　入）　600,000　（前　払　金）　100,000
商品有高帳 ＊ ┘ 　　　　　　　　　　（買　掛　金）　500,000 → 買掛金元帳
　　　＊　商品の増減があるため、商品有高帳に記入します。

(2) 減価償却費：¥1,800,000 ÷ 6年 × $\dfrac{1か月}{12か月}$ ＝ ¥25,000

第7回

第3問（35点）

問1

<u>決算整理後残高試算表</u>

	借　　方	勘　定　科　目	貸　　方	
	560,000	現　　　　　金		
	1,960,000	普　通　預　金		
①	★ 3,600,000	売　　掛　　金		
③	1,800,000	繰　越　商　品		
⑤	★ 40,000	貯　　蔵　　品		
⑧	★ 60,000	未　収　利　息		
	3,000,000	貸　　付　　金		
	6,000,000	建　　　　　物		
	1,600,000	備　　　　　品		
	1,280,000	土　　　　　地		
		買　　掛　　金	2,600,000	
		所　得　税　預　り　金	60,000	
		未払消費税	★ 740,000	⑥
		未払法人税等	★ 140,000	⑨
		未払法定福利費	40,000	⑦
		貸　倒　引　当　金	36,000	②
		建物減価償却累計額	3,900,000	④
		備品減価償却累計額	★ 1,399,999	④
		資　　本　　金	10,000,000	
		繰　越　利　益　剰　余　金	424,001	
		売　　　　　上	20,000,000	
		受　取　利　息	60,000	⑧
③	★ 12,200,000	仕　　　　　入		
	4,800,000	給　　　　　料		
⑦	★ 480,000	法　定　福　利　費		
⑤	★ 160,000	租　税　公　課		
	240,000	通　　信　　費		
②	★ 20,000	貸　倒　引　当　金　繰　入		
④	★ 500,000	減　価　償　却　費		
	860,000	そ　の　他　の　費　用		
⑨	240,000	法人税、住民税及び事業税		
	39,400,000		39,400,000	

＊　上記の○番号は、解説の番号と対応しています。

問2　¥ ☆ 560,000

★ 1つにつき3点

☆ 1つにつき2点

合計35点

Step 1 決算整理仕訳を行い、決算整理後残高試算表に記入する

①誤処理の訂正

誤って前受金を受け取った仕訳を行っていたので、売掛金の回収として訂正します。

| （ 前　受　金 ） | 100,000 | （ 売　掛　金 ） | 100,000 |

売掛金：¥3,700,000－¥100,000＝¥3,600,000

②貸倒引当金の設定

⑴　貸倒引当金の当期設定額を求めます。

　　貸倒引当金：（¥3,700,000－¥100,000①）×1％＝¥36,000

⑵　⑴の金額と決算整理前残高試算表の金額との差額を求め、貸倒引当金の繰入額を算定します。

　　¥36,000－¥16,000＝¥20,000

| （ 貸 倒 引 当 金 繰 入 ） | 20,000 | （ 貸 倒 引 当 金 ） | 20,000 |

貸倒引当金繰入：¥20,000

③売上原価の算定

⑴　決算整理前残高試算表の「繰越商品」（期首商品棚卸高）を「仕入」に振り替えます。

| （ 仕　入 ） | 1,400,000 | （ 繰 越 商 品 ） | 1,400,000 |

⑵　期末商品棚卸高を「仕入」から「繰越商品」に振り替えます。

| （ 繰 越 商 品 ） | 1,800,000 | （ 仕　入 ） | 1,800,000 |

繰越商品：¥1,400,000－¥1,400,000＋¥1,800,000＝¥1,800,000

仕　　入：¥12,600,000＋¥1,400,000－¥1,800,000＝¥12,200,000

④減価償却費

建物：¥6,000,000÷20年＝¥300,000

備品については、¥1,000,000についてのみ減価償却を行います。

備品：¥1,000,000÷5年＝¥200,000

| （ 減 価 償 却 費 ） | 500,000 | （ 建物減価償却累計額 ） | 300,000 |
| | | （ 備品減価償却累計額 ） | 200,000 |

減 価 償 却 費：¥300,000＋¥200,000＝¥500,000

建物減価償却累計額：¥3,600,000＋¥300,000＝¥3,900,000

備品減価償却累計額：¥1,199,999＋¥200,000＝¥1,399,999

⑤貯蔵品の処理

購入時に「租税公課」として費用処理しています。決算において、収入印紙の未使用高を「貯蔵品」に振り替えます。

| （ 貯　蔵　品 ） | 40,000 | （ 租　税　公　課 ） | 40,000 |

貯 蔵 品：¥40,000

租税公課：¥200,000－¥40,000＝¥160,000

⑥消費税の処理

決算において、「仮受消費税」と「仮払消費税」との差額を「未払消費税」で処理します。

未払消費税：¥2,000,000－¥1,260,000＝**¥740,000**

（ 仮 受 消 費 税 ）	2,000,000	（ 仮 払 消 費 税 ）	1,260,000
		（ 未 払 消 費 税 ）	740,000

⑦社会保険料の未払計上

（ 法 定 福 利 費 ）	40,000	（ 未 払 法 定 福 利 費 ）	40,000

未払法定福利費：**¥40,000**

法 定 福 利 費：¥440,000＋¥40,000＝**¥480,000**

⑧利息の未収計上

X8年10月1日に貸し付けているため、6か月分（X8年10月〜X9年3月）の利息を未収計上します。

未収利息：$¥3,000,000 \times 4\% \times \dfrac{6か月}{12か月} = ¥60,000$

（ 未 収 利 息 ）	60,000	（ 受 取 利 息 ）	60,000

受取利息：**¥60,000**

⑨法人税等

法人税、住民税及び事業税と仮払法人税等との差額を「未払法人税等」として計上します。

未 払 法 人 税 等：¥240,000－¥100,000＝**¥140,000**

（ 法人税、住民税及び事業税 ）	240,000	（ 仮 払 法 人 税 等 ）	100,000
		（ 未 払 法 人 税 等 ）	140,000

法人税、住民税及び事業税：**¥240,000**

答案用紙の決算整理後残高試算表を利用して、収益項目と費用項目をそれぞれ集計し、その差額を求めることにより、当期純利益（または当期純損失）を算定します。

決算整理後残高試算表

借　　方	勘　定　科　目	貸　　方
	売　　　　　上	20,000,000
費用項目	受　取　利　息	60,000
12,200,000	仕　　　　　入	収益項目
4,800,000	給　　　　　料	
480,000	法　定　福　利　費	
160,000	租　税　公　課	
240,000	通　　信　　費	
20,000	貸　倒　引　当　金　繰　入	
500,000	減　価　償　却　費	
860,000	そ　の　他　の　費　用	
240,000	法人税、住民税及び事業税	

収益項目：¥20,000,000＋¥60,000＝¥20,060,000

費用項目：¥12,200,000＋¥4,800,000＋¥480,000＋¥160,000＋¥240,000＋¥20,000＋¥500,000
　　　　　＋¥860,000＋¥240,000＝¥19,500,000

差　　額：¥20,060,000－¥19,500,000＝**¥560,000（当期純利益）**

第8回　解答・解説

第1問（45点）　＊ 勘定科目は**記号での解答**となります。参考として、勘定科目も記入しています。

	借方科目		金額	貸方科目		金額
1	土　　　地	エ	30,500,000	普 通 預 金	ウ	500,000
				未　払　金	カ	30,000,000

未払金：@¥60,000×500㎡＝¥30,000,000
土　地：¥30,000,000＋¥500,000＝¥30,500,000

Point
購入手数料は、付随費用として土地の取得原価に含めます。

	借方科目		金額	貸方科目		金額
2	損　　　益	エ	800,000	繰越利益剰余金	ウ	800,000

繰越利益剰余金：¥4,000,000－¥3,200,000＝¥800,000

Point
「収益総額＞費用総額」の場合、当期純利益となるので、損益勘定は貸方残高となります。

	借方科目		金額	貸方科目		金額
3	普 通 預 金	イ	720,000	売　掛　金	ウ	600,000
				仮　受　金	カ	120,000

仮受金：¥720,000－¥600,000＝¥120,000

Point
内容不明の入金は、「仮受金」で処理します。

	借方科目		金額	貸方科目		金額
4	支 払 家 賃	オ	120,000	普 通 預 金	ウ	120,000

Point
家賃の支払いは、「支払家賃」で処理します。

	借方科目		金額	貸方科目		金額
5	旅 費 交 通 費	オ	60,000	普 通 預 金	イ	60,000

Point
出張旅費は、「旅費交通費」で処理します。

	借方科目		金額	貸方科目		金額
6	建　　　物	ウ	4,800,000	普 通 預 金	イ	6,000,000
	修　繕　費	オ	1,200,000			

Point
資本的支出は取得原価の増加として、収益的支出は費用として処理します。

	借方科目		金額	貸方科目		金額
7	買　掛　金	カ	600,000	電子記録債務	オ	600,000

Point
買掛金の支払いとして、電子記録債務が発生したと考えます。

<table>
<tr><td rowspan="3">8</td><td colspan="5">

借方科目		金額	貸方科目		金額
売　掛　金	ア	880,000	売　　　　上	オ	800,000
			仮 受 消 費 税	エ	80,000

</td></tr>
</table>

仮受消費税：¥800,000×10％＝¥80,000
売　掛　金：¥800,000＋¥80,000＝¥880,000

Point
税抜方式で記帳するので、売上は消費税を除いた金額となります。

借方科目		金額	貸方科目		金額
借　入　金	エ	3,000,000	当 座 預 金	ア	3,018,000
支 払 利 息	カ	18,000			

支払利息：$¥3,000,000×1.2％×\dfrac{6か月}{12か月}＝¥18,000$

当座預金：¥3,000,000＋¥18,000＝¥3,018,000

Point
元利合計
元本と利息の合計

借方科目		金額	貸方科目		金額
保　管　費	オ	100,000	普 通 預 金	ウ	100,000

Point
倉庫の使用料は、「保管費」で処理します。

借方科目		金額	貸方科目		金額
普 通 預 金	イ	320,000	電子記録債権	ウ	320,000

Point
電子記録債権の回収に関する処理です。

借方科目		金額	貸方科目		金額
未 払 利 息	ウ	100,000	支 払 利 息	カ	100,000

Point
前期の決算において、利息の未払計上をしています。

借方科目		金額	貸方科目		金額
売　掛　金	イ	715,000	売　　　　上	オ	715,000
発　送　費	カ	15,000	現　　　　金	ア	15,000

※　出題区分表の改定により、送料を売上に含める仕訳例が公表されました。

Point
得意先から送料込みの金額を受け取る場合、送料の金額も売上に含めて処理します。
また、送料は、費用として処理します。

借方科目		金額	貸方科目		金額
受 取 手 形	ア	400,000	売　掛　金	イ	400,000

Point
支払期限を延ばすために、売掛金の決済として、手形を受け取ることがあります。

借方科目		金額	貸方科目		金額
売　掛　金	ウ	300,000	売　　　　上	オ	300,000

入金伝票に記入する仕訳

（現　　　　金）	100,000	（売　　掛　　金）	100,000

Point
入金伝票に、科目「売掛金」と記入されていることから、「全額を掛取引として起票する方法」を採用していると判断します。

第8回

仕訳1組につき3点　合計45点

第 2 問 （20点）
問 1

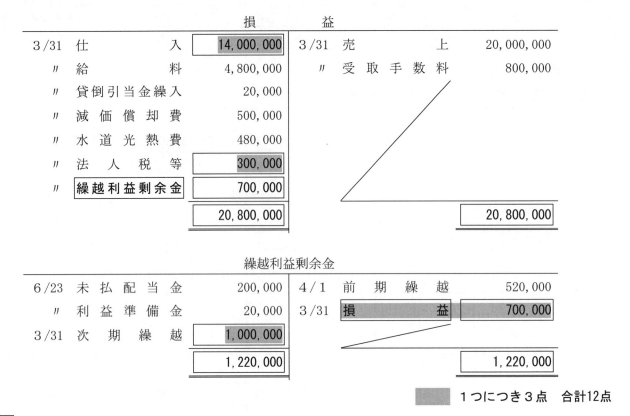

	損		益	
3/31 仕　　　　入	14,000,000	3/31 売　　　　上	20,000,000
〃 給　　　料	4,800,000	〃 受 取 手 数 料	800,000
〃 貸 倒 引 当 金 繰 入	20,000		
〃 減 価 償 却 費	500,000		
〃 水 道 光 熱 費	480,000		
〃 法 人 税 等	300,000		
〃 繰 越 利 益 剰 余 金	700,000		
	20,800,000		20,800,000

繰越利益剰余金

6/23 未 払 配 当 金	200,000	4/1 前 期 繰 越	520,000
〃 利 益 準 備 金	20,000	3/31 損　　　益	700,000
3/31 次 期 繰 越	1,000,000		
	1,220,000		1,220,000

■ 1つにつき3点　合計12点

解 説

　売上原価は仕入勘定で算定し、税引前の当期純利益の30％を法人税等として計上します。

　損益勘定の残高は、繰越利益剰余金勘定へ振り替えることになります。なお、繰越利益剰余金勘定の次期繰越額は、貸借差額により計算しましょう。

売上原価：￥14,400,000＋￥1,600,000－￥2,000,000＝￥14,000,000
　　　　　 仕入勘定　　　　 期首商品　　　　 期末商品
　　　　　 残高　　　　　　 棚卸高　　　　　 棚卸高

収益合計：￥20,000,000＋￥800,000＝￥20,800,000

費用合計：￥14,000,000＋￥4,800,000＋￥20,000＋￥500,000＋￥480,000＝￥19,800,000
法人税等を除く

税引前の当期純利益：￥20,800,000－￥19,800,000＝￥1,000,000
　　　　　　　　　　 収益合計　　　　 費用合計

法人税等：￥1,000,000×30％＝￥300,000

税引後の当期純利益：￥1,000,000－￥300,000＝￥700,000

問2 ＊ 勘定科目は**記号での解答**となります。参考として、勘定科目も記入しています。

取引日	借 方 科 目		金 額	貸 方 科 目		金 額
	借 入 金	キ	1,000,000	当 座 預 金	イ	1,008,000
9.20	支 払 利 息	ケ	8,000			
	当 座 預 金	イ	200,000	電子記録債権	エ	200,000
9.30						

仕訳1組につき4点　合計8点

解 説

9.20　借入金の返済

「融資ご返済」「融資お利息」とあり、お支払金額欄に金額が記入されていることから、借入金と利息の返済だと判断します。

（借　　入　　金）	1,000,000	（当　座　預　金）	1,008,000
（支　払　利　息）	8,000		

9.30　電子記録債権の回収

「電子記録債権入金」とあり、お預り金額欄に金額が記入されていることから、電子記録債権の回収だと判断します。

（当　座　預　金）	200,000	（電　子　記　録　債　権）	200,000

第8回

第3問 （35点）

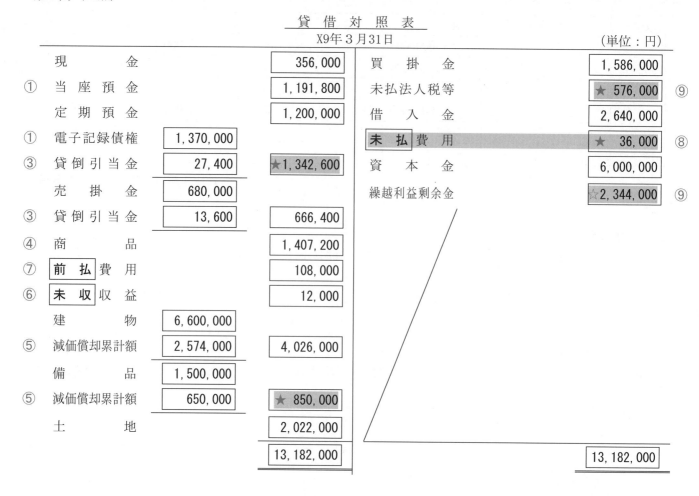

貸 借 対 照 表
X9年3月31日　　　　　　　　　　　　　　　　（単位：円）

	現　　　金	356,000	買　掛　金	1,586,000	
①	当 座 預 金	1,191,800	未払法人税等	★ 576,000	⑨
	定 期 預 金	1,200,000	借　入　金	2,640,000	
①	電子記録債権 1,370,000		未 払 費 用	★ 36,000	⑧
③	貸 倒 引 当 金 27,400	★1,342,600	資　本　金	6,000,000	
	売　掛　金 680,000		繰越利益剰余金	☆2,344,000	⑨
③	貸 倒 引 当 金 13,600	666,400			
④	商　　　品	1,407,200			
⑦	前 払 費 用	108,000			
⑥	未 収 収 益	12,000			
	建　　　物 6,600,000				
⑤	減価償却累計額 2,574,000	4,026,000			
	備　　　品 1,500,000				
⑤	減価償却累計額 650,000	★ 850,000			
	土　　　地	2,022,000			
		13,182,000		13,182,000	

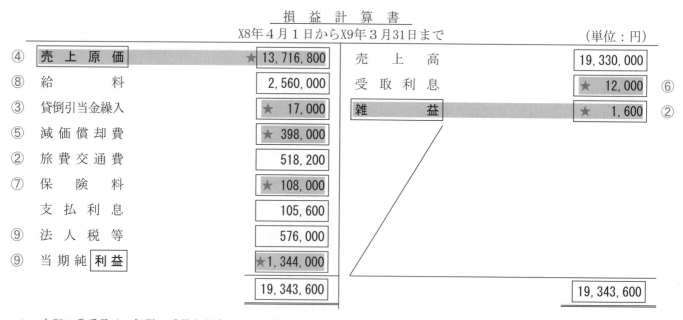

損 益 計 算 書
X8年4月1日からX9年3月31日まで　　　　　　　　　（単位：円）

④	売 上 原 価	★13,716,800	売　上　高	19,330,000	
⑧	給　　　料	2,560,000	受 取 利 息	★ 12,000	⑥
③	貸倒引当金繰入	★ 17,000	雑　　　益	★ 1,600	②
⑤	減 価 償 却 費	★ 398,000			
②	旅 費 交 通 費	518,200			
⑦	保 険 料	★ 108,000			
	支 払 利 息	105,600			
⑨	法 人 税 等	576,000			
⑨	当 期 純 利 益	★1,344,000			
		19,343,600		19,343,600	

＊　上記の○番号は、解説の番号と対応しています。

★ 1つにつき3点
☆ 1つにつき2点
合計35点

Step 1 決算整理仕訳を行い、貸借対照表と損益計算書に記入する

①電子記録債権の決済

電子記録債権の減少は、貸倒引当金の設定額に影響するため、注意しましょう。

（当　座　預　金）	140,000	（電子記録債権）	140,000

当 座 預 金：¥1,051,800＋¥140,000＝**¥1,191,800**

電子記録債権：¥1,510,000－¥140,000＝**¥1,370,000**

②現金過不足の処理

期中に現金の実際有高が帳簿残高より不足していたため計上しているので、「現金過不足」は、借方残高となっています。「現金過不足」は、決算整理の段階で残高をゼロにし、適切な勘定科目に振り替え、残額については「雑損」または「雑益」として処理します。

（旅　費　交　通　費）	8,200	（現　金　過　不　足）	6,600
		（雑　　　　　益）	1,600

旅費交通費：¥510,000＋¥8,200＝**¥518,200**

雑　　　　益：**¥1,600**

③貸倒引当金の設定

(1) 貸倒引当金の当期設定額を求めます。

　　貸倒引当金(電子記録債権)：（¥1,510,000－¥140,000①）×2％＝**¥27,400**

　　貸倒引当金(売　掛　金)：¥680,000×2％＝**¥13,600**

(2) (1)の金額の合計と貸倒引当金の残高との差額を求め、貸倒引当金の繰入額を算定します。

　　貸倒引当金繰入：（¥27,400＋¥13,600）－¥24,000＝**¥17,000**

（貸　倒　引　当　金　繰　入）	17,000	（貸　倒　引　当　金）	17,000

④売上原価の算定（仕入勘定で売上原価を算定すると仮定）

(1) 「繰越商品」の残高（期首商品棚卸高）を「仕入」に振り替えます。

（仕　　　　　　　入）	1,244,000	（繰　越　商　品）	1,244,000

(2) 期末商品棚卸高を「仕入」から「繰越商品」に振り替えます。

（繰　越　商　品）	1,407,200	（仕　　　　　　　入）	1,407,200

繰越商品 → 商　　品(表示科目)：¥1,244,000－¥1,244,000＋¥1,407,200＝**¥1,407,200**

仕　　入 → **売上原価**(表示科目)：¥13,880,000＋¥1,244,000－¥1,407,200＝**¥13,716,800**

第8回

⑤減価償却費の計上

　当期の減価償却費を求めます。なお、備品には期中取得分があることに注意しましょう。10月10日に取得していますが、1か月未満であっても1か月分として計算します（10月〜3月の6か月で月割計算）。

建物：¥6,600,000×0.9÷30年＝¥198,000

備品（既　存　分）：（¥1,500,000−¥600,000）÷6年＝¥150,000

備品（期中取得分）：¥600,000÷6年×$\frac{6か月}{12か月}$＝¥50,000

備品の減価償却費の合計：¥150,000＋¥50,000＝¥200,000

（減　価　償　却　費）	398,000	（建物減価償却累計額）	198,000
		（備品減価償却累計額）	200,000

減価償却費：¥198,000＋¥200,000＝**¥398,000**

減価償却累計額（建物）：¥2,376,000＋¥198,000＝**¥2,574,000**

減価償却累計額（備品）：¥450,000＋¥200,000＝**¥650,000**

⑥利息の未収計上

　定期預金の利息については、当期の収益とすべき146日分を未収計上します。

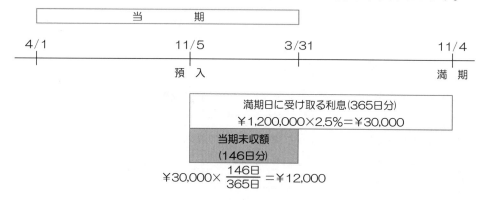

（未　収　利　息）	12,000	（受　取　利　息）	12,000

未収利息 → **未収**収益(表示科目)：**¥12,000**

受取利息：**¥12,000**

⑦保険料の前払計上

　保険料については、翌期の費用とすべき前払額が6か月分（4月〜9月）あります。

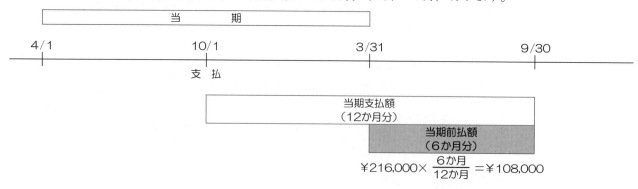

（前　払　保　険　料）	108,000	（保　　険　　料）	108,000

前払保険料 → **前払**費用(表示科目)：**¥108,000**

保　険　料：¥216,000−¥108,000＝**¥108,000**

⑧給料の未払計上

給料については、当期の費用とすべき¥36,000を未払計上します。

（給　　　　　料）	36,000	（未　払　給　料）	36,000

未払給料 → **未払**費用(表示科目)：**¥36,000**

給　　料：¥2,524,000＋¥36,000＝**¥2,560,000**

P_{oint}

収益・費用の「前払い・前受け」「未収・未払い」

　頭の文字に、「前」・「未」が付く科目であれば、
貸借対照表に載せるものと覚えておきましょう。

　また、表示科目を記入するときは、間違えやすい
ので注意しましょう。

貸借対照表		
（借　方）	（貸　方）	
前　払	未　払	← 費　用
未　収	前　受	← 収　益

Step 2 その他の各勘定残高を損益計算書・貸借対照表に記入する

　Step 1 の決算整理仕訳で変動のなかった各勘定残高を、それぞれ損益計算書・貸借対照表に記入します。
また、損益計算書において税引前の当期純利益を求め、法人税等の金額を計算します。

⑨法人税等

損益計算書

　収益合計：¥19,330,000＋¥12,000＋¥1,600＝¥19,343,600

　費用合計：¥13,716,800＋¥2,560,000＋¥17,000＋¥398,000＋¥518,200＋¥108,000＋¥105,600
　_{法人税等を除く}
　　　　　　＝¥17,423,600

税引前の当期純利益：¥19,343,600－¥17,423,600＝¥1,920,000

法人税等：¥1,920,000×30％＝**¥576,000**

（法　　人　　税　　等）	576,000	（未　払　法　人　税　等）	576,000

当期純利益：¥1,920,000－¥576,000＝**¥1,344,000**

未払法人税等：**¥576,000**

貸借対照表の繰越利益剰余金は、総勘定元帳の残高に当期純利益（または当期純損失）の金額を加減した金
額となります。

　　繰越利益剰余金：¥1,000,000＋¥1,344,000＝**¥2,344,000**

P_{oint}

　当期純利益（または当期純損失）の金額は、繰越利益剰余金に加減する。

第8回

ネットスクールは、
書籍と WEB 講座であなたのスキルアップ、キャリアアップを応援します！
挑戦資格と自分の学習スタイルに合わせて効果的な学習方法を選びましょう！

独学合格に強い ネットスクールの 書籍

図表やイラストを多用し、特に独学での合格をモットーにした『とおる簿記シリーズ』をはじめ、受講生の皆様からの要望から作られた『サクッとシリーズ』、持ち運びが便利なコンパクトサイズで仕訳をマスターできる『脳科学×仕訳集シリーズ』など、バラエティに富んだシリーズを取り揃えています。

質問しやすい！わかりやすい！学びやすい‼ ネットスクールの WEB講座

ネットスクールの講座はインターネットで受講する WEB 講座。 質問しやすい環境と徹底したサポート体制、そしてライブ（生）とオンデマンド（録画）の充実した講義で合格に近づこう！

ネットスクールのWEB講座、4つのポイント！

１ 自宅で、外出先で受講できる！
パソコン、スマートフォンやタブレット端末とインターネット環境があれば、自宅でも会社でも受講できます。

３ 自分のペースでできる
オンデマンド講義は配信され、受講期間中なら何度でも繰り返し受講できます。リアルタイムで受講できなかったライブ講義も翌日以降に見直せるので、復習にも最適です。

２ ライブ配信講義はチャットで質問できる！
決まった曜日・時間にリアルタイムで講義を行うライブ講義では、チャットを使って講師に直接、質問や相談といったコミュニケーションが取れます。

４ 質問サポートもばっちり！
電話（平日 11:00 〜 18:00）や受講生専用 SNS【学び舎】*またはメールでご質問をお受けします。

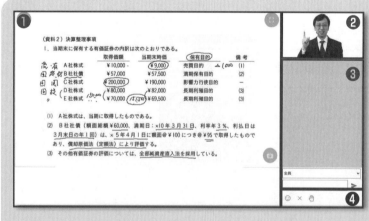

① ホワイトボード
板書画面です。あらかじめ準備された「まとめ画面」や「資料画面」に講師が書き込んでいきます。画面キャプチャも可能です。

② 講師画面
講師が直接講義をします。臨場感あふれる画面です。

③ チャット
講義中に講師へ質問できます。また、「今のところもう一度説明して！」などのご要望もOKです。

④ 状況報告ボタン
ご自身の理解状況を講義中に講師に伝えることができるボタンです。

※ 画面イメージや機能は変更となる場合がございます。ご了承ください。

*【学び舎】とは、受講生同士の「コミュニケーション」機能、学習記録や最近の出来事等を投稿・閲覧・コメントできる「学習ブログ」機能、学習上の不安点をご質問頂ける「質問Ｑ＆Ａ」機能等を備えた、学習面での不安解消、モチベーションアップ（維持）の場として活用頂くための、ネットスクールのWEB講座受講生専用SNSです。

WEB 講座開講資格：https://www.net-school.co.jp/web-school/
※ 内容は変更となる場合がございます。最新の情報は弊社ホームページにてご確認ください。

全経税法能力検定試験3科目合格はネットスクールにお任せ!

全経税法能力検定試験シリーズ ラインナップ

全国経理教育協会(全経協会)では、経理担当者として身に付けておきたい法人税法・消費税法・相続税法・所得税法の実務能力を測る検定試験が実施されています。

そのうち、法人税法・消費税法・相続税法の3科目は、ネットスクールが公式テキストを刊行しています。

経理担当者としてのスキルアップに、チャレンジしてみてはいかがでしょうか。

◆検定試験に関しての詳細は、全経協会公式ページをご確認下さい。

http://www.zenkei.or.jp/

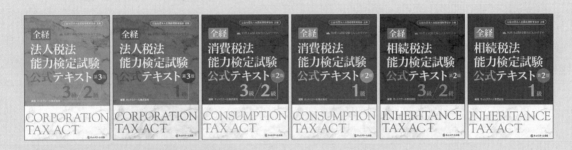

全経法人税法能力検定試験対策

書名	判型	税込価格	発刊年月
全経 法人税法能力検定試験 公式テキスト3級／2級【第3版】	B5判	2,750 円	好評発売中
全経 法人税法能力検定試験 公式テキスト1級【第3版】	B5判	4,180 円	好評発売中

全経消費税法能力検定試験対策

書名	判型	税込価格	発刊年月
全経 消費税法能力検定試験 公式テキスト3級／2級【第2版】	B5判	2,530 円	好評発売中
全経 消費税法能力検定試験 公式テキスト1級【第2版】	B5判	3,960 円	好評発売中

全経相続税法能力検定試験対策

書名	判型	税込価格	発刊年月
全経 相続税法能力検定試験 公式テキスト3級／2級【第2版】	B5判	2,530 円	好評発売中
全経 相続税法能力検定試験 公式テキスト1級【第2版】	B5判	3,960 円	好評発売中

書籍のお求めは全国の書店・インターネット書店、またはネットスクールWEB-SHOPをご利用ください。

ネットスクール WEB-SHOP

https://www.net-school.jp/

 ネットスクール WEB-SHOP 検索

※ 書名・価格・発行年月や表紙のデザインは変更する場合もございますので、予めご了承ください。(2023 年 12 月現在)

日商簿記３級の次は

日商簿記２級に挑戦してみよう！

日商簿記３級の学習を終えた皆さん、日商簿記２級の受験はお考えですか？
せっかく簿記の学習を始めたのであれば、ビジネスシーンにおいて更に役立つ知識が満載で、
就転職の際の評価も高い日商簿記２級にも挑戦してみてはいかがでしょうか。

日商簿記２級の試験概要		学習のポイント
試 験 科 目	商業簿記・工業簿記	✓ **新たに学ぶ工業簿記がカギ** ➡ 工業簿記は部分点を狙うよりも満点を狙うつもりで取り組むのが、２級合格への近道！
配 　 　 点	商業簿記 60 点・工業簿記 40 点の計 100 点満点	
合格ライン	70 点以上で合格	✓ **初めて見る問題に慌てない** ➡ ３級のときよりも、初めて出題される形式の問題が多いのも２級の特徴。慌てず解くためには、しっかりと基礎を理解しておくことも大切。
試 験 日 程	(統一試験) 6月・11月・2月の年3回 (ネット試験) 随時	
試 験 時 間	90 分	

※ 試験の概要は変更となる可能性がございます。最新の情報は日本商工会議所・各地商工会議所の情報もご確認下さい。

日商簿記２級で学べること

商品売買業以外の企業で使える知識を身に付けたい	経済ニュースで目にする「M＆A」や「子会社」って何？	仕事でコスト管理や販売計画に関する知識が必要だ

工業簿記・製造業の会計	サービス業の会計	連結会計	会社の合併	損益分岐点(CVP) 分析	原価差異分析

様々なビジネスシーンで役立つ内容を学ぶからこそ、日商簿記２級の合格者は高く評価されます。
最初のうちは大変かもしれませんが、簿記の知識をさらに活かすためにも、ぜひ挑戦してみましょう。

日商簿記２級の試験対策もネットスクールにおまかせ！

日商記２級合格のためには、「商業簿記」・「工業簿記」どちらの学習も必要です。また、１つひとつの内容が高度になり、暗記だけに頼った学習は難しくなっている傾向にあります。だからこそ、ネットスクールでは書籍も WEB 講座も、しっかりと「理解できる」ことを最優先に、皆さんを合格までご案内します。

【書籍で学習】

【WEB 講座で学習】

分かりやすいテキストから予想模試まで豊富なラインナップ‼

新たな知識を身に付ける「テキスト」の他、持ち運びに便利な「仕訳集」、試験前の総仕上げにピッタリの「模擬試験問題集」まで、様々なラインナップをご用意しています。レベルや目的に合わせてご利用下さい。

効率よく学びたい方は…
日商簿記２級 WEB 講座がおススメ

試験範囲が広がり、より本質的な理解や思考力が問われるようになった日商簿記２級をさらに効率よく学習するには、講師のノウハウが映像・音声で吸収できる WEB 講座がおススメです。

日商簿記検定　模擬試験問題集

問題・答案用紙編

この別冊には、模試8回の問題・答案用紙を収録しています。
次の方法に従って抜き取り、ご利用ください。

〈ご利用方法〉

1 この色紙を残して別冊を外す

オレンジ色の本色紙をしっかり広げます。
次に、本色紙を残したまま、ゆっくり別冊を抜き取ります。

2 ホッチキスの針を外す

別冊を真ん中で開きホッチキスの針を外します。
針を外すさいは、必ず、素手ではなくドライバー等の器具をご使用ください。
なお、抜取りのさいの損傷についてのお取り替えはご遠慮願います。

3 模試8回に分ける

別冊の外側から、第1回模試⇒第2回模試
⇒・・・⇒第8回模試の順にまとめてあり
ますので、各回に分けてご利用ください。

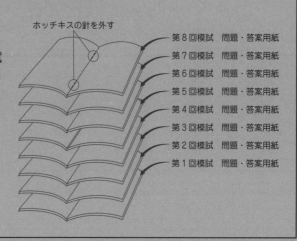

ホッチキスの針を外す

第8回模試　問題・答案用紙
第7回模試　問題・答案用紙
第6回模試　問題・答案用紙
第5回模試　問題・答案用紙
第4回模試　問題・答案用紙
第3回模試　問題・答案用紙
第2回模試　問題・答案用紙
第1回模試　問題・答案用紙

ネットスクール出版

https://www.net-school.co.jp/

この別冊には、模試8回の問題・答案用紙を収録しています。
次の方法に従って抜き取り、ご利用ください。

── 〈ご利用方法〉 ──

1 この色紙を残して別冊を外す

オレンジ色の本色紙をしっかり広げます。

次に、本色紙を残したまま、ゆっくり別冊を抜き取ります。

2 ホッチキスの針を外す

別冊を真ん中で開きホッチキスの針を外します。

針を外すさいは、必ず、素手ではなくドライバー等の器具をご使用ください。

なお、抜取りのさいの損傷についてのお取り替えはご遠慮願います。

3 模試8回に分ける

別冊の外側から、第1回模試⇒第2回模試
⇒・・・⇒第8回模試の順にまとめてあり
ますので、各回に分けてご利用ください。

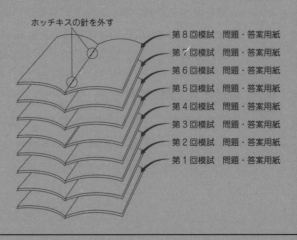

ホッチキスの針を外す

第8回模試　問題・答案用紙
第7回模試　問題・答案用紙
第6回模試　問題・答案用紙
第5回模試　問題・答案用紙
第4回模試　問題・答案用紙
第3回模試　問題・答案用紙
第2回模試　問題・答案用紙
第1回模試　問題・答案用紙

簿 記 検 定

模 擬 試 験 問 題 集

3 級

問題・答案用紙編

3級

第1回 日商簿記検定試験対策
問題・答案用紙

（制限時間　60分）

出題論点と難易度

設　問	出　題　論　点	論　点　の　詳　細	難易度
第1問	1．前受金	手付金がある場合の商品販売時の処理	★★
	2．前払金	手付金がある場合の商品仕入時の処理	★
	3．貸倒れ	売掛金（前期販売分）の貸倒れの処理	★★
	4．仕入の処理	商品仕入時（自動車販売業）の処理	★
	5．証ひょう	物品を購入し、領収書を受け取ったときの処理	★★
	6．売上返品	商品の返品を受けたときの処理	★
	7．償却債権取立益	償却済債権の回収時の処理	★
	8．小口現金	小口現金係から報告を受けたときの処理	★
	9．振込手数料	費用の支払時の処理	★
	10．証ひょう	物品を購入し、請求書を受け取ったときの処理	★★
	11．現金過不足	決算時の現金過不足の処理	★★
	12．有形固定資産の売却	有形固定資産の売却時の処理	★★
	13．有形固定資産の付随費用	有形固定資産の付随費用の処理	★
	14．固定資産税	固定資産税の納付時の処理	★
	15．証ひょう	請求書を発送したときの処理、消費税の処理	★★
第2問	問1　商品有高帳	商品有高帳（移動平均法）の作成	★★
	問2　語群選択	文章の空欄補充	★
第3問	精算表	精算表の作成	★★

（難易度　★★★…高い　★★…普通　★…低い）

https://www.net-school.co.jp/
© Net-School

第 1 問 （45点）

下記の各取引について仕訳しなさい。ただし、勘定科目は、各取引の右の勘定科目から最も適当と思われるものを選び、**記号**で解答すること。なお、消費税については、指示がある取引についてのみ考慮すること。また、各取引は独立している。

1	得意先鹿児島商店に商品￥171,200を売り上げ、代金については注文時に同店から受け取った手付金￥16,000と相殺し、残額は掛けとした。なお、当社負担の発送費￥2,000は現金で支払った。				

勘　定　科　目
ア．現　　　　金
イ．売　掛　　金
ウ．前　払　　金
エ．前　受　　金
オ．売　　　　上
カ．発　送　　費

借方科目	金額	貸方科目	金額

2	仕入先沖縄商店に注文していた商品￥80,000が到着した。商品代金のうち20％は手付金としてあらかじめ支払済みであるため相殺し、残額は掛けとした。なお、商品の引取運賃￥1,200は着払い（当社負担）となっているため運送業者に現金で支払った。

勘　定　科　目
ア．現　　　　金
イ．売　掛　　金
ウ．前　払　　金
エ．買　掛　　金
オ．前　受　　金
カ．仕　　　　入

借方科目	金額	貸方科目	金額

3	得意先宮崎商店の倒産により、同店に対する売掛金（前期販売分）￥52,000が貸倒れとなった。なお、貸倒引当金の残高は￥20,000である。

勘　定　科　目
ア．売　掛　　金
イ．買　掛　　金
ウ．貸　倒　引　当　金
エ．売　　　　上
オ．仕　　　　入
カ．貸　倒　損　失

借方科目	金額	貸方科目	金額

4	販売目的の中古自動車を￥480,000で購入し、代金は後日支払うこととした。また、その引取運送費として￥4,000を現金で支払った。なお、当社は自動車販売業を営んでいる。

勘　定　科　目
ア．現　　　　金
イ．車　両　運　搬　具
ウ．買　掛　　金
エ．未　払　　金
オ．売　　　　上
カ．仕　　　　入

借方科目	金額	貸方科目	金額

5	事務作業に使用する物品を購入し、品物とともに次の領収書を受け取った。なお、代金はすでに支払い済みであり、仮払金勘定で処理してある。また、福岡商事株式会社は、品物の受取りに関する仕訳は品物受取時に行っている。

勘　定　科　目
ア．仮　払　　金
イ．建　　　　物
ウ．備　　　　品
エ．仮　受　　金
オ．売　　　　上
カ．仕　　　　入

領収書

福岡商事株式会社　御中

長崎電気株式会社

品　　　物	数量	単　価	金　額
ＮＳ製デスクトップパソコン	10	￥160,000	￥1,600,000
配送料	－	－	￥　10,000
セッティング作業	10	￥　4,000	￥　40,000
		合計	￥1,650,000

㊞収入印紙
400円

上記の合計額を領収いたしました。

借方科目	金額	貸方科目	金額

<table>
<tr><td rowspan="4">6</td><td colspan="5">得意先に販売した商品のうち60個（@¥480）が品違いのため返品され、掛け代金から差し引くこととした。</td><td colspan="2">勘　定　科　目</td></tr>
<tr><td colspan="2">借方科目</td><td>金額</td><td>貸方科目</td><td>金額</td><td colspan="2">ア．売　　掛　　金
イ．未　収　入　金
ウ．買　　掛　　金
エ．未　　払　　金
オ．売　　　　　上
カ．仕　　　　　入</td></tr>
</table>

得意先に販売した商品のうち60個（@¥480）が品違いのため返品され、掛け代金から差し引くこととした。

6

借方科目	金額	貸方科目	金額

勘　定　科　目
ア．売　　掛　　金
イ．未　収　入　金
ウ．買　　掛　　金
エ．未　　払　　金
オ．売　　　　　上
カ．仕　　　　　入

昨年度に得意先が倒産し、その際に売掛金¥400,000の貸倒れ処理を行っていたが、本日、得意先の清算に伴い¥20,000の分配を受け、同額が普通預金口座へ振り込まれた。

7

借方科目	金額	貸方科目	金額

勘　定　科　目
ア．当　座　預　金
イ．普　通　預　金
ウ．売　　掛　　金
エ．貸　倒　引　当　金
オ．償却債権取立益
カ．貸　倒　損　失

小口現金係から今週の支払明細について次の報告があり、ただちに同額の小切手を振り出して小口現金係に渡した。当社は、定額資金前渡制を採用している。
旅費交通費　¥32,000　　　消耗品費　¥14,000

8

借方科目	金額	貸方科目	金額

勘　定　科　目
ア．現　　　　　金
イ．当　座　預　金
ウ．立　　替　　金
エ．旅　費　交　通　費
オ．消　耗　品　費
カ．現　金　過　不　足

広告宣伝費¥14,000を普通預金口座から支払った。また、振込手数料として¥300が同口座から引き落とされた。

9

借方科目	金額	貸方科目	金額

勘　定　科　目
ア．当　座　預　金
イ．普　通　預　金
ウ．受　取　手　数　料
エ．広　告　宣　伝　費
オ．通　　信　　費
カ．支　払　手　数　料

事務作業に使用する物品を購入し、品物とともに次の請求書を受け取り、代金は後日支払うこととした。なお、福岡商事株式会社は、品物の受取りに関する仕訳は品物受取時に行っている。

勘　定　科　目
ア．未　収　入　金
イ．建　　　　　物
ウ．備　　　　　品
エ．買　　掛　　金
オ．未　　払　　金
カ．消　耗　品　費

10

請求書

福岡商事株式会社　御中

長崎電気株式会社

品　　物	数量	単価	金　額
印刷用紙（500枚入）	5	¥　　800	¥　4,000
ＮＳ製デスクトップパソコン	1	¥160,000	¥160,000
		合計	¥164,000

X1年4月30日までに合計額を下記口座へお振込み下さい。
ＮＳ銀行長崎支店　普通　1234567　ナガサキデンキ（カ

借方科目	金額	貸方科目	金額

不許複製・禁無断転載

11	決算日において、過日借方に計上していた現金過不足¥8,000の原因を改めて調査した結果、旅費交通費¥12,000、受取手数料¥7,200の記入漏れが判明した。残額は原因が不明であったので、雑益または雑損として処理する。				勘 定 科 目

11の勘定科目
ア．受取手数料
イ．雑　　　　益
ウ．旅費交通費
エ．支払手数料
オ．雑　　　　損
カ．現金過不足

借方科目	金額	貸方科目	金額

---

12 不用になった備品（取得原価¥280,000、減価償却累計額¥224,000、間接法で記帳）を期首に¥8,000で売却し、代金は月末に受け取ることとした。

勘 定 科 目
ア．未 収 入 金
イ．備　　　　品
ウ．未 払 金
エ．備品減価償却累計額
オ．固定資産売却益
カ．固定資産売却損

借方科目	金額	貸方科目	金額

---

13 店舗を建てる目的で購入した土地について建設会社に依頼していた整地作業が完了し、その代金¥60,000を現金で支払った。

勘 定 科 目
ア．現　　　　金
イ．当 座 預 金
ウ．建　　　　物
エ．土　　　　地
オ．受 取 地 代
カ．支 払 地 代

借方科目	金額	貸方科目	金額

---

14 店舗にかかる固定資産税の第2期分¥24,000を銀行にて現金で納付した。

勘 定 科 目
ア．現　　　　金
イ．建　　　　物
ウ．土　　　　地
エ．受 取 家 賃
オ．租 税 公 課
カ．支 払 家 賃

借方科目	金額	貸方科目	金額

---

15 商品を売り上げ、品物とともに次の請求書の原本を発送し、代金の全額を掛代金として処理した。消費税は税抜方式で記帳する。なお、福岡商事株式会社はスマホケースの販売店を営んでおり、品物の発送に関する仕訳は発送時に行っている。

勘 定 科 目
ア．現　　　　金
イ．普 通 預 金
ウ．売 掛 金
エ．仮 払 消 費 税
オ．仮 受 消 費 税
カ．売　　　　上

請求書（控）

佐賀商店　御中

福岡商事株式会社

品　　　物	数量	単　価	金　額
スマホケースA	20	¥1,000	¥20,000
スマホケースB	10	¥1,200	¥12,000
消費税（10%）	―	―	¥ 3,200
		合計	¥35,200

X1年5月31日までに合計額を下記口座へお振込み下さい。
ＮＳ銀行福岡支店　普通　1357924　フクオカショウジ（カ

借方科目	金額	貸方科目	金額

3級

第2回 日商簿記検定試験対策
問題・答案用紙

（制限時間　60分）

出題論点と難易度

設　問	出 題 論 点	論 点 の 詳 細	難易度
第1問	1．源泉所得税	源泉徴収した所得税の納付時の処理	★
	2．給料の支払い	給料の支払時の処理	★★
	3．支払地代	土地の賃借料を支払ったときの処理	★
	4．修繕費	修理費用を支払ったときの処理	★
	5．証ひょう	売上集計表の処理、消費税	★
	6．ICカード	ICカードに入金したときの処理	★
	7．振込手数料	掛代金の回収時の処理	★
	8．通信費	郵送代金を支払ったときの処理	★
	9．租税公課	収入印紙の購入時の処理	★
	10．証ひょう	出張旅費の精算時の処理	★
	11．仮受金・前受金	仮受金の内容判明時の処理	★
	12．再振替仕訳	未収利息の再振替仕訳の処理	★
	13．貸付金	貸付金の返済を受けたときの処理	★★
	14．借入金	借入金の返済時の処理	★★
	15．証ひょう	事務所の賃借を開始したときの処理	★
第2問	問1　勘定記入	備品勘定および備品減価償却累計額勘定への記入	★★
	問2　伝票会計	伝票の記入	★
第3問	財務諸表	決算整理前残高試算表からの財務諸表の作成	★★

（難易度　★★★…高い　★★…普通　★…低い）

https://www.net-school.co.jp/
© Net-School

第1問 （45点）

下記の各取引について仕訳しなさい。ただし、勘定科目は、各取引の右の勘定科目から最も適当と思われるものを選び、**記号**で解答すること。なお、消費税については、指示がある取引についてのみ考慮すること。また、各取引は独立している。

1	従業員の給料から源泉徴収していた所得税合計額￥800,000を、銀行において納付書とともに現金で納付した。			

借方科目	金額	貸方科目	金額

勘 定 科 目
ア．現　　　　金
イ．普 通 預 金
ウ．所 得 税 預 り 金
エ．社 会 保 険 料 預 り 金
オ．給　　　　料
カ．法 定 福 利 費

2. 従業員への給料の支払いにあたり、給料総額￥140,000のうち、本人負担の社会保険料￥8,000と、所得税の源泉徴収分￥5,600を差し引き、残額を当座預金口座より振り込んだ。

借方科目	金額	貸方科目	金額

勘 定 科 目
ア．現　　　　金
イ．当 座 預 金
ウ．所 得 税 預 り 金
エ．社 会 保 険 料 預 り 金
オ．給　　　　料
カ．法 定 福 利 費

3. 店舗の駐車場として使用している土地の本月分賃借料￥20,000が普通預金口座から引き落とされた。

借方科目	金額	貸方科目	金額

勘 定 科 目
ア．現　　　　金
イ．普 通 預 金
ウ．土　　　　地
エ．受 取 地 代
オ．租 税 公 課
カ．支 払 地 代

4. 一昨年度に購入した備品（パソコン）が故障したため、その修理費用として￥8,000を現金で支払った。

借方科目	金額	貸方科目	金額

勘 定 科 目
ア．現　　　　金
イ．普 通 預 金
ウ．備　　　　品
エ．消 耗 品 費
オ．通 信 費
カ．修 繕 費

5. 店頭における一日分の売上の仕訳を行うにあたり、集計結果は次のとおりであった。また、合計額のうち￥40,000はクレジットカード、残りは現金による決済であった。なお、消費税については、税抜方式で記帳する。

売上集計表
X1年5月5日

品　　物	数量	単　価	金　額
スマホケースA	10	￥1,000	￥10,000
スマホケースB	20	￥1,200	￥24,000
スマホケースC	5	￥1,400	￥ 7,000
		消費税	￥ 4,100
		合計	￥45,100

借方科目	金額	貸方科目	金額

勘 定 科 目
ア．現　　　　金
イ．電 子 記 録 債 権
ウ．仮 払 消 費 税
エ．クレジット売掛金
オ．仮 受 消 費 税
カ．売　　　　上

<table>
<tr><td rowspan="4">6</td><td colspan="4">営業活動で利用する電車およびバスの料金支払用ＩＣカードに現金￥12,000を入金し、領収証の発行を受けた。なお、入金時に全額費用に計上する方法を用いている。</td><td colspan="2">勘 定 科 目</td></tr>
<tr><td>借方科目</td><td>金額</td><td>貸方科目</td><td>金額</td><td colspan="2">ア．現 金
イ．普 通 預 金
ウ．仮 払 金</td></tr>
<tr><td></td><td></td><td></td><td></td><td colspan="2">エ．消 耗 品 費
オ．旅 費 交 通 費</td></tr>
<tr><td></td><td></td><td></td><td></td><td colspan="2">カ．通 信 費</td></tr>
</table>

6	勘 定 科 目
営業活動で利用する電車およびバスの料金支払用ＩＣカードに現金￥12,000を入金し、領収証の発行を受けた。なお、入金時に全額費用に計上する方法を用いている。	ア．現　　　　　金 イ．普 通 預 金 ウ．仮　払　金 エ．消 耗 品 費 オ．旅 費 交 通 費 カ．通　信　費

借方科目	金額	貸方科目	金額

7	勘 定 科 目
得意先から先月締めの掛代金￥120,000の回収として、振込手数料￥400（当社負担）を差し引かれた残額が当社の当座預金口座に振り込まれた。	ア．当 座 預 金 イ．普 通 預 金 ウ．売　掛　金 エ．買　掛　金 オ．受 取 手 数 料 カ．支 払 手 数 料

借方科目	金額	貸方科目	金額

8	勘 定 科 目
買掛金の支払いとして￥100,000の約束手形を振り出し、仕入先に対して郵送した。なお、郵送代金￥500は現金で支払った。	ア．現　　　　　金 イ．受 取 手 形 ウ．売　掛　金 エ．支 払 手 形 オ．買　掛　金 カ．通　信　費

借方科目	金額	貸方科目	金額

9	勘 定 科 目
収入印紙￥2,800を購入し、代金は現金で支払った。なお、この収入印紙はただちに使用した。	ア．現　　　　　金 イ．普 通 預 金 ウ．通　信　費 エ．保　険　料 オ．租 税 公 課 カ．消 耗 品 費

借方科目	金額	貸方科目	金額

10	勘 定 科 目
出張から戻った従業員から次の領収書および報告書が提出されるとともに、かねて概算払いしていた￥30,000との差額を現金で受け取った。なお、1回5,000円以下の電車賃は従業員からの領収書の提出を不要としている。	ア．現　　　　　金 イ．仮　払　金 ウ．普 通 預 金 エ．仮　受　金 オ．通　信　費 カ．旅 費 交 通 費

領収書
運賃￥6,800
上記のとおり領収致しました。
ＮＳ観光交通（株）

領収書
宿泊費　シングル１名￥10,000
またのご利用をお待ちしております。
ＮＳイン佐賀

旅費交通費等報告書
福岡明子

移動先	手段等	領収書	金　額
佐賀駅	電車	無	￥ 3,600
佐賀商店	タクシー	有	￥ 6,800
ＮＳイン佐賀	宿泊	有	￥10,000
帰社	電車	無	￥ 3,600
合計			￥24,000

借方科目	金額	貸方科目	金額

11	従業員が出張から戻り、さきの当座預金口座への¥92,000の入金は、得意先高知商店からの売掛金¥80,000の回収および得意先徳島商店から受け取った手付金¥12,000であることが判明した。なお、入金時には内容不明の入金として処理してある。			勘　定　科　目

借方科目	金額	貸方科目	金額

勘　定　科　目
ア．売　　掛　　金
イ．前　　払　　金
ウ．仮　　払　　金
エ．買　　掛　　金
オ．前　　受　　金
カ．仮　　受　　金

12	前期の決算において未収利息¥14,400を計上していたので、本日（当期首）、再振替仕訳を行った。

借方科目	金額	貸方科目	金額

勘　定　科　目
ア．前　払　利　息
イ．未　収　利　息
ウ．前　受　利　息
エ．未　払　利　息
オ．受　取　利　息
カ．支　払　利　息

13	得意先香川商店に期間6か月、年利率3％で¥160,000を借用証書にて貸し付けていたが、本日満期日のため利息とともに同店振出しの小切手で返済を受けたので、ただちに当座預金に預け入れた。

借方科目	金額	貸方科目	金額

勘　定　科　目
ア．当　座　預　金
イ．普　通　預　金
ウ．貸　　付　　金
エ．借　　入　　金
オ．受　取　利　息
カ．支　払　利　息

14	取引銀行から借り入れていた¥292,000の支払期日が到来したため、元利合計を当座預金口座から返済した。なお、借入れにともなう利率は年2％、借入期間は100日間であり、利息は1年を365日として日割計算する。

借方科目	金額	貸方科目	金額

勘　定　科　目
ア．当　座　預　金
イ．普　通　預　金
ウ．貸　　付　　金
エ．借　　入　　金
オ．受　取　利　息
カ．支　払　利　息

15	事務所の賃借契約を行い、下記の振込依頼書どおりに当社の普通預金口座から振り込み、賃借を開始した。仲介手数料は費用として処理すること。

振込依頼書

福岡商事株式会社　御中

株式会社ＮＳ不動産

ご契約ありがとうございます。以下の金額を下記口座へお振込ください。

内　　容	金　　額
仲介手数料	¥ 24,000
敷金	¥192,000
初月賃料	¥ 48,000
合計	¥264,000

ＮＳ銀行福岡支店　当座　2468103　カ）エヌエスフドウサン

勘　定　科　目
ア．普　通　預　金
イ．差　入　保　証　金
ウ．受　取　手　数　料
エ．受　取　家　賃
オ．支　払　手　数　料
カ．支　払　家　賃

借方科目	金額	貸方科目	金額

3級

第3回 日商簿記検定試験対策
問題・答案用紙
（制限時間　60分）

出題論点と難易度

設　問	出　題　論　点	論　点　の　詳　細	難易度
第1問	1．手形借入金	約束手形振出しによる借入時の処理	★★
	2．仮払金・前受金	旅費の精算時の処理	★★
	3．手形貸付金	手形を受け取って貸し付けた場合の処理	★★
	4．掛代金の相殺	買掛金および売掛金の決済時の処理	★
	5．証ひょう	法人税等の確定申告時の処理	★
	6．売上返品	商品の返品を受けたときの処理	★
	7．固定資産税	固定資産税の納付時の処理	★
	8．貯蔵品	決算時の貯蔵品への振替えの処理	★
	9．手形の振出し	手形の振出時の処理	★
	10．資本的支出・収益的支出	建物の改良と修繕を行ったときの処理	★★
	11．現金過不足	決算時の現金過不足の処理	★★
	12．手形借入金	手形振出しによる借入金の返済時の処理	★
	13．法定福利費	社会保険料の納付時の処理	★★
	14．商品券・消費税	商品券を受け取った場合の売上時の処理、消費税	★★
	15．損益への振替え	収益の損益勘定への振替え	★
第2問	問1　仕訳日計表	仕訳日計表の作成	★
	問2　補助簿の選択	該当する補助簿の選択	★
第3問	決算整理後残高試算表	決算整理後残高試算表の作成	★★

（難易度　★★★…高い　★★…普通　★…低い）

Net-School

https://www.net-school.co.jp/
© Net-School

第1問 （45点）

　下記の各取引について仕訳しなさい。ただし、勘定科目は、各取引の右の勘定科目から最も適当と思われるものを選び、**記号**で解答すること。なお、消費税については、指示がある取引についてのみ考慮すること。また、各取引は独立している。

1	銀行より¥400,000を借り入れ、同額の約束手形を振り出し、利息¥16,000を差し引かれた残額が普通預金口座に振り込まれた。			

借方科目	金額	貸方科目	金額

勘　定　科　目
ア．普　通　預　金
イ．当　座　預　金
ウ．手　形　貸　付　金
エ．手　形　借　入　金
オ．受　取　利　息
カ．支　払　利　息

2	従業員が出張から戻り、旅費の残額¥3,200と、得意先で契約した商品販売にかかる手付金¥6,000を現金で受け取った。なお、出張にあたって、従業員には旅費の概算額¥10,000を渡していた。

借方科目	金額	貸方科目	金額

勘　定　科　目
ア．現　　　　　金
イ．仮　払　金
ウ．前　払　金
エ．仮　受　金
オ．前　受　金
カ．旅　費　交　通　費

3	愛媛商店に¥240,000を貸し付け、同額の約束手形を受け取り、利息¥2,400を差し引いた残額を当社の普通預金口座から愛媛商店の普通預金口座に振り込んだ。

借方科目	金額	貸方科目	金額

勘　定　科　目
ア．当　座　預　金
イ．手　形　貸　付　金
ウ．普　通　預　金
エ．手　形　借　入　金
オ．受　取　利　息
カ．支　払　利　息

4	本日、広島商店に対する買掛金¥200,000および売掛金¥40,000の決済日につき、広島商店の承諾を得て両者を相殺処理するとともに、買掛金の超過分¥160,000は小切手を振り出して支払った。

借方科目	金額	貸方科目	金額

勘　定　科　目
ア．現　　　　　金
イ．当　座　預　金
ウ．電　子　記　録　債　権
エ．売　掛　金
オ．電　子　記　録　債　務
カ．買　掛　金

5	以下のとおり納付書にもとづき、当社の普通預金口座から振り込んだ。

領　収　証　書		
科目　　　　　　　法人税	本　税	¥280,000　納期等　X20401
	○○○税	の区分　X30331
	△　△　税	中間申告　確定申告
住所　福岡県福岡市○○	□□税	
	××税	
氏名　福岡商事株式会社	合計額	¥280,000　出納印 ×3.5.30 NS銀行

借方科目	金額	貸方科目	金額

勘　定　科　目
ア．当　座　預　金
イ．普　通　預　金
ウ．仮　払　消　費　税
エ．仮　払　法　人　税　等
オ．未　払　消　費　税
カ．未　払　法　人　税　等

6	かねて販売した商品￥600,000の返品を受けたため、掛代金から差し引くこととした。			

	借方科目	金額	貸方科目	金額
6				

勘定科目
ア. 売　掛　金
イ. 未　収　入　金
ウ. 買　掛　金
エ. 未　払　金
オ. 売　　　上
カ. 仕　　　入

建物および土地の固定資産税￥800,000の納付書を受け取り、未払金に計上することなく、ただちに当座預金口座から振り込んで納付した。

	借方科目	金額	貸方科目	金額
7				

勘定科目
ア. 当　座　預　金
イ. 普　通　預　金
ウ. 建　　　物
エ. 土　　　地
オ. 受　取　家　賃
カ. 租　税　公　課

収入印紙￥40,000、郵便切手￥3,600を購入し、いずれも費用として処理していたが、決算日に収入印紙￥10,000、郵便切手￥1,200が未使用であることが判明したため、これらを貯蔵品勘定に振り替えることとした。

	借方科目	金額	貸方科目	金額
8				

勘定科目
ア. 貯　蔵　品
イ. 通　信　費
ウ. 旅　費　交　通　費
エ. 租　税　公　課
オ. 保　険　料
カ. 支　払　手　数　料

福岡商事株式会社に対する買掛金￥600,000の決済として、同社あての約束手形を振り出した。

	借方科目	金額	貸方科目	金額
9				

勘定科目
ア. 現　　　金
イ. 当　座　預　金
ウ. 受　取　手　形
エ. 売　掛　金
オ. 支　払　手　形
カ. 買　掛　金

営業に用いている建物の改良・修繕を行い、代金￥15,000,000を、小切手を振り出して支払った。支払額のうち￥10,000,000は建物の価値を高める資本的支出であり、残額は機能維持のための収益的支出である。

	借方科目	金額	貸方科目	金額
10				

勘定科目
ア. 現　　　金
イ. 当　座　預　金
ウ. 建　　　物
エ. 備　　　品
オ. 修　繕　費
カ. 減　価　償　却　費

<table>
<tr><td rowspan="2">11</td><td colspan="6">現金の帳簿残高が実際有高より￥15,000少なかったので現金過不足として処理していたが、決算日において、受取手数料￥20,000と旅費交通費￥6,000の記入漏れが判明した。残額は原因が不明であったので、雑益または雑損として処理する。</td></tr>
<tr><td colspan="4">

借方科目	金額	貸方科目	金額

</td><td colspan="2">

勘 定 科 目
ア．受 取 手 数 料
イ．雑　　　　　益
ウ．支 払 手 数 料
エ．旅 費 交 通 費
オ．雑　　　　　損
カ．現 金 過 不 足

</td></tr>
</table>

かねて手形を振り出して借り入れていた￥1,000,000の返済期日をむかえ、同額が当座預金口座から引き落とされるとともに、手形の返却を受けた。

12

借方科目	金額	貸方科目	金額

勘 定 科 目
ア．当 座 預 金
イ．普 通 預 金
ウ．受 取 手 形
エ．手 形 貸 付 金
オ．支 払 手 形
カ．手 形 借 入 金

従業員にかかる健康保険料￥120,000を普通預金口座から納付した。このうち従業員負担分￥60,000は、社会保険料預り金からの支出であり、残額は会社負担分である。

13

借方科目	金額	貸方科目	金額

勘 定 科 目
ア．当 座 預 金
イ．普 通 預 金
ウ．所 得 税 預 り 金
エ．社 会 保 険 料 預 り 金
オ．給　　　　　料
カ．法 定 福 利 費

商品￥100,000を売り上げ、消費税￥10,000を含めた合計額のうち￥20,000は現金で受け取り、残額は共通商品券を受け取った。なお、消費税は税抜方式で記帳する。

14

借方科目	金額	貸方科目	金額

勘 定 科 目
ア．現　　　　　金
イ．仮 払 消 費 税
ウ．受 取 商 品 券
エ．仮 受 消 費 税
オ．売　　　　　上
カ．仕　　　　　入

決算日に売上勘定の貸方残高￥1,400,000を損益勘定に振り替えた。

15

借方科目	金額	貸方科目	金額

勘 定 科 目
ア．資 本 金
イ．利 益 準 備 金
ウ．繰 越 利 益 剰 余 金
エ．売　　　　　上
オ．仕　　　　　入
カ．損　　　　　益

3級

第4回 日商簿記検定試験対策
問題・答案用紙

（制限時間　60分）

出題論点と難易度

設問	出 題 論 点	論 点 の 詳 細	難易度
第1問	1．有形固定資産の購入	有形固定資産の購入時の処理	★★
	2．仮払金	旅費の精算時の処理	★
	3．仕入の処理	手形の振出しによる商品仕入時の処理	★
	4．ICカード	ICカード使用時の処理	★
	5．損益への振替え	費用の損益勘定への振替え	★
	6．費用の処理	諸経費の処理	★
	7．株式の発行（設立時）	設立時の株式発行の処理	★
	8．現金過不足	期中の現金過不足の処理	★★
	9．有形固定資産の売却	有形固定資産の売却時の処理	★★
	10．証ひょう	物品を購入し、請求書を受け取ったときの処理	★★
	11．借入金	借入金の返済時の処理	★★
	12．事務用品の購入	備品および消耗品の購入時の処理	★
	13．差入保証金	オフィスの賃借を開始したときの処理	★
	14．収益の処理	利息が入金されたときの処理	★
	15．証ひょう	出張旅費の精算時の処理	★
第2問	問1　勘定記入	繰越利益剰余金勘定への記入	★★
	問2　買掛金勘定と仕入先元帳	買掛金勘定と仕入先元帳の空欄推定	★★
第3問	財務諸表	決算整理前残高試算表からの財務諸表の作成	★★

（難易度　★★★…高い　★★…普通　★…低い）

https://www.net-school.co.jp/

第1問 （45点）

下記の各取引について仕訳しなさい。ただし、勘定科目は、各取引の右の勘定科目から最も適当と思われるものを選び、**記号**で解答すること。なお、消費税については、指示がある取引についてのみ考慮すること。また、各取引は独立している。

<table>
<tr>
<td rowspan="4">1</td>
<td colspan="4">土地付き建物¥6,000,000（うち建物¥2,000,000、土地¥4,000,000）を購入し、売買手数料（それぞれの代金の3％）を加えた総額を普通預金口座から振り込むとともに引渡しを受けた。</td>
<td colspan="2" rowspan="2">勘 定 科 目</td>
</tr>
<tr>
<td>借方科目</td>
<td>金額</td>
<td>貸方科目</td>
<td>金額</td>
</tr>
<tr>
<td></td>
<td></td>
<td></td>
<td></td>
<td colspan="2">ア．当 座 預 金
イ．普 通 預 金
ウ．建　　　　物</td>
</tr>
<tr>
<td></td>
<td></td>
<td></td>
<td></td>
<td colspan="2">エ．土　　　　地
オ．修 　 繕 　 費
カ．減 価 償 却 費</td>
</tr>
<tr>
<td rowspan="4">2</td>
<td colspan="4">従業員が出張から帰社し、旅費の精算を行ったところ、あらかじめ概算額で仮払いしていた¥60,000では足りず、不足額¥20,000を従業員が立替払いしていた。なお、この不足額は次の給料支払時に従業員へ支払うため、未払金として計上した。</td>
<td colspan="2">勘 定 科 目</td>
</tr>
<tr>
<td>借方科目</td>
<td>金額</td>
<td>貸方科目</td>
<td>金額</td>
<td colspan="2">ア．未 収 入 金
イ．仮 　 払 　 金</td>
</tr>
<tr>
<td></td>
<td></td>
<td></td>
<td></td>
<td colspan="2">ウ．未 　 払 　 金
エ．仮 　 受 　 金</td>
</tr>
<tr>
<td></td>
<td></td>
<td></td>
<td></td>
<td colspan="2">オ．旅 費 交 通 費
カ．給　　　　料</td>
</tr>
<tr>
<td rowspan="4">3</td>
<td colspan="4">仕入先熊本株式会社から商品¥560,000を仕入れ、代金のうち¥200,000は小切手を振り出し、残額は同社あての約束手形を振り出して支払った。</td>
<td colspan="2">勘 定 科 目</td>
</tr>
<tr>
<td>借方科目</td>
<td>金額</td>
<td>貸方科目</td>
<td>金額</td>
<td colspan="2">ア．現　　　　金
イ．当 座 預 金</td>
</tr>
<tr>
<td></td>
<td></td>
<td></td>
<td></td>
<td colspan="2">ウ．受 取 手 形
エ．支 払 手 形</td>
</tr>
<tr>
<td></td>
<td></td>
<td></td>
<td></td>
<td colspan="2">オ．売　　　　上
カ．仕　　　　入</td>
</tr>
<tr>
<td rowspan="4">4</td>
<td colspan="4">従業員が事業用のICカードから旅費交通費¥5,000および消耗品費¥1,200を支払った。なお、ICカードのチャージ（入金）については、チャージ時に仮払金勘定で処理している。</td>
<td colspan="2">勘 定 科 目</td>
</tr>
<tr>
<td>借方科目</td>
<td>金額</td>
<td>貸方科目</td>
<td>金額</td>
<td colspan="2">ア．現　　　　金
イ．仮 　 払 　 金</td>
</tr>
<tr>
<td></td>
<td></td>
<td></td>
<td></td>
<td colspan="2">ウ．仮 　 受 　 金
エ．旅 費 交 通 費</td>
</tr>
<tr>
<td></td>
<td></td>
<td></td>
<td></td>
<td colspan="2">オ．消 耗 品 費
カ．通 　 信 　 費</td>
</tr>
<tr>
<td rowspan="4">5</td>
<td colspan="4">仕入勘定において算定された売上原価¥3,000,000を損益勘定に振り替えた。</td>
<td colspan="2">勘 定 科 目</td>
</tr>
<tr>
<td>借方科目</td>
<td>金額</td>
<td>貸方科目</td>
<td>金額</td>
<td colspan="2">ア．資 　 本 　 金
イ．利 益 準 備 金</td>
</tr>
<tr>
<td></td>
<td></td>
<td></td>
<td></td>
<td colspan="2">ウ．繰越利益剰余金
エ．売　　　　上</td>
</tr>
<tr>
<td></td>
<td></td>
<td></td>
<td></td>
<td colspan="2">オ．仕　　　　入
カ．損　　　　益</td>
</tr>
</table>

6	従業員が業務のために立て替えた1か月分の諸経費は次のとおりであった。そこで、来月の給料に含めて従業員へ支払うこととし、未払金として計上した。 電車代 ¥8,000　タクシー代 ¥4,000　書籍代（消耗品費）¥3,000				勘定科目
	借方科目	金額	貸方科目	金額	ア．未 収 入 金
					イ．未 払 金
					ウ．給 料
					エ．消 耗 品 費
					オ．旅 費 交 通 費
					カ．水 道 光 熱 費

7	1株当たり¥200,000で10株の株式を発行し、合計¥2,000,000の払込みを受けて株式会社を設立した。払込金はすべて普通預金口座に預け入れられた。				勘定科目
	借方科目	金額	貸方科目	金額	ア．現 金
					イ．当 座 預 金
					ウ．普 通 預 金
					エ．資 本 金
					オ．利 益 準 備 金
					カ．繰 越 利 益 剰 余 金

8	月末に金庫を実査したところ、紙幣¥120,000、硬貨¥8,000、得意先振出しの小切手¥24,000、約束手形¥60,000、郵便切手¥800が保管されていたが、現金出納帳の残高は¥156,000であった。不一致の原因を調べたが原因は判明しなかったので、現金過不足勘定で処理することにした。				勘定科目
	借方科目	金額	貸方科目	金額	ア．現 金
					イ．当 座 預 金
					ウ．受 取 手 形
					エ．支 払 手 形
					オ．通 信 費
					カ．現 金 過 不 足

9	不用になった備品（取得原価¥800,000、減価償却累計額¥640,000、間接法で記帳）を¥200,000で売却し、売却代金は現金で受け取った。				勘定科目
	借方科目	金額	貸方科目	金額	ア．現 金
					イ．建 物
					ウ．備 品
					エ．備品減価償却累計額
					オ．固 定 資 産 売 却 益
					カ．固 定 資 産 売 却 損

10	オフィスのデスクセットを購入し、据付作業ののち、次の請求書を受け取り、代金は後日支払うこととした。				勘定科目
					ア．未 収 入 金
					イ．建 物
					ウ．備 品
					エ．未 払 金
					オ．売 上
					カ．仕 入

請求書

NS株式会社　御中

千葉商事株式会社

品　物	数量	単　価	金　額
オフィスデスクセット	2	¥300,000	¥600,000
配送料			¥ 20,000
据付費			¥ 30,000
		合計	¥650,000

X8年11月30日までに合計額を下記口座へお振り込み下さい。
KF銀行千葉支店　普通　7654321　チバショウジ（カ

借方科目	金額	貸方科目	金額

<table>
<tr><td rowspan="4">11</td><td colspan="5">借入金（元金均等返済）の今月返済分の元本¥360,000および利息（各自計算）
が普通預金口座から引き落とされた。利息の引落額は未返済の元本¥1,800,000
に利率年3.65％を適用し、30日分の日割計算（1年を365日とする）した額である。</td></tr>
</table>

11	借入金（元金均等返済）の今月返済分の元本¥360,000および利息（各自計算）が普通預金口座から引き落とされた。利息の引落額は未返済の元本¥1,800,000に利率年3.65％を適用し、30日分の日割計算（1年を365日とする）した額である。		勘 定 科 目
			ア．当 座 預 金
			イ．普 通 預 金
			ウ．貸 付 金
			エ．借 入 金
			オ．受 取 利 息
			カ．支 払 利 息

借方科目	金額	貸方科目	金額

12	事務用のオフィス機器¥600,000とコピー用紙¥4,000を購入し、代金の合計を普通預金口座から振り込んだ。	勘 定 科 目
		ア．当 座 預 金
		イ．普 通 預 金
		ウ．建 物
		エ．備 品
		オ．消 耗 品 費
		カ．通 信 費

借方科目	金額	貸方科目	金額

13	オフィスとしてビルの1部屋を1か月の家賃¥240,000で賃借する契約を結び、1か月分の家賃、敷金（家賃2か月分）、および不動産業者への仲介手数料（家賃1か月分）を現金で支払った。	勘 定 科 目
		ア．現 金
		イ．差 入 保 証 金
		ウ．受 取 家 賃
		エ．受 取 手 数 料
		オ．支 払 家 賃
		カ．支 払 手 数 料

借方科目	金額	貸方科目	金額

14	普通預金口座に利息¥500が入金された。	勘 定 科 目
		ア．当 座 預 金
		イ．普 通 預 金
		ウ．受 取 利 息
		エ．受 取 手 数 料
		オ．支 払 利 息
		カ．支 払 手 数 料

借方科目	金額	貸方科目	金額

15	従業員が出張から戻り、下記の報告書および領収書を提出したので、本日、全額を費用として処理した。旅費交通費等報告書記載の金額は、その全額を従業員が立て替えて支払っており、月末に従業員に支払うこととした。なお、電車運賃は領収書なしでも費用計上することにしている。	勘 定 科 目
		ア．未 収 入 金
		イ．未 払 金
		ウ．給 料
		エ．旅 費 交 通 費
		オ．支 払 家 賃
		カ．通 信 費

旅費交通費等報告書

秋吉大地

移動先	手段等	領収書	金 額
山口商店	電車	無	2,000
ホテルNS	宿泊	有	8,000
帰 社	電車	無	2,000
合 計			12,000

領 収 書

福岡商事㈱
秋吉大地 様
　金 8,000円
但し、宿泊料として
　　　　ホテルNS

借方科目	金額	貸方科目	金額

3級

第5回 日商簿記検定試験対策
問題・答案用紙

（制限時間　60分）

出題論点と難易度

設　問	出　題　論　点	論　点　の　詳　細	難易度
第1問	1．貸付金	資金を貸し付けたときの処理	★
	2．法人税等	法人税等の中間納付時の処理	★
	3．仕入返品	商品を返品したときの処理	★
	4．償却債権取立益	償却済み債権の回収時の処理	★★
	5．証ひょう	物品を購入し、請求書を受け取ったときの処理	★★
	6．資本的支出・収益的支出	建物の改築と修繕を行ったときの処理	★★
	7．剰余金の配当	剰余金の配当時の処理	★
	8．商品券	受け取った商品券を精算したときの処理	★
	9．貸倒れ	売掛金（前期販売分・当期販売分）の貸倒れの処理	★★
	10．株式の発行（設立時）	設立時の株式発行の処理	★
	11．差入保証金	店舗の賃借を開始したときの処理	★
	12．当座預金口座の開設	当座預金口座の開設時の処理	★
	13．給料の支払い	給料の支払時の処理	★★
	14．クレジット売掛金	商品をクレジット払いの条件で販売したときの処理	★★
	15．証ひょう	消費税の確定申告時の処理	★
第2問	問1　商品有高帳	商品有高帳（先入先出法）の作成	★★
	問2　語群選択	文章の空欄補充	★★
第3問	精算表	精算表の作成	★★

（難易度　★★★…高い　★★…普通　★…低い）

https://www.net-school.co.jp/

第1問 （45点）

下記の各取引について仕訳しなさい。ただし、勘定科目は、各取引の右の勘定科目から最も適当と思われるものを選び、**記号**で解答すること。なお、消費税については、指示がある取引についてのみ考慮すること。また、各取引は独立している。

1　長崎商店に対して、¥300,000を借用証書にて貸し付け、利息¥3,600を差し引いた残額を当社の普通預金口座から長崎商店の普通預金口座に振り込んだ。

借方科目	金額	貸方科目	金額

勘 定 科 目
ア．当 座 預 金
イ．貸 付 金
ウ．普 通 預 金
エ．借 入 金
オ．受 取 利 息
カ．支 払 利 息

2　中間申告を行い、法人税¥1,400,000、住民税¥400,000および事業税¥700,000を現金で納付した。

借方科目	金額	貸方科目	金額

勘 定 科 目
ア．現 金
イ．普 通 預 金
ウ．仮 払 消 費 税
エ．仮 払 法 人 税 等
オ．仮 受 消 費 税
カ．未 払 法 人 税 等

3　鹿児島商店から掛けで仕入れていた商品のうち、¥20,000が品違いのため返品をした。この分は同店に対する掛け代金より差し引かれた。

借方科目	金額	貸方科目	金額

勘 定 科 目
ア．売 掛 金
イ．未 収 入 金
ウ．買 掛 金
エ．未 払 金
オ．売 上
カ．仕 入

4　前期に貸倒れとして処理していた得意先青森商事株式会社に対する売掛金¥348,000のうち、¥120,000が回収され、当座預金口座に振り込まれた。なお、貸倒引当金勘定には¥240,000の残高がある。

借方科目	金額	貸方科目	金額

勘 定 科 目
ア．当 座 預 金
イ．普 通 預 金
ウ．売 掛 金
エ．貸 倒 引 当 金
オ．償 却 債 権 取 立 益
カ．貸 倒 損 失

5　事務作業に使用する物品を購入し、品物とともに次の請求書を受け取り、代金は後日支払うこととした。なお、当社では、単価¥100,000未満の物品は費用処理している。

請求書

株式会社福岡商事　御中

ＮＳ事務機株式会社

品　　物	数量	単　価	金　　額
プリンター	5	¥ 40,000	¥ 200,000
ノートパソコン	5	¥240,000	¥1,200,000
		合計	¥1,400,000

X9年5月31日までに合計額を下記口座へお振り込み下さい。
ＮＳ銀行神田支店　普通　6234511　エヌエスジムキ（カ

勘 定 科 目
ア．未 収 入 金
イ．建 物
ウ．備 品
エ．未 払 金
オ．消 耗 品 費
カ．修 繕 費

借方科目	金額	貸方科目	金額

6	建物の改築と修繕を行い、代金¥4,000,000を普通預金口座から支払った。うち建物の資産価値を高める支出額は¥3,200,000であり、建物の現状を維持するための支出額は¥800,000である。				勘 定 科 目
	借方科目	金額	貸方科目	金額	ア．当 座 預 金 イ．普 通 預 金 ウ．建　　　　物 エ．備　　　　品 オ．修 繕 費 カ．減 価 償 却 費

7	株主総会で繰越利益剰余金¥3,000,000の一部を次のとおり処分することが承認された。 　株 主 配 当 金：¥400,000 　利益準備金の積立て：¥40,000				勘 定 科 目
	借方科目	金額	貸方科目	金額	ア．現　　　　金 イ．普 通 預 金 ウ．未 払 配 当 金 エ．資 本 金 オ．利 益 準 備 金 カ．繰越利益剰余金

8	商品代金として受け取っていた商品券¥30,000をすべて精算し、同額の現金で受け取った。				勘 定 科 目
	借方科目	金額	貸方科目	金額	ア．現　　　　金 イ．売 掛 金 ウ．受 取 商 品 券 エ．買 掛 金 オ．売　　　　上 カ．仕　　　　入

9	得意先神奈川商事株式会社が倒産し、前期の売上げにより生じた売掛金¥64,000および当期の売上げにより生じた売掛金¥40,000が回収できなくなったので、貸倒れの処理を行う。なお、貸倒引当金の残高は¥72,000である。				勘 定 科 目
	借方科目	金額	貸方科目	金額	ア．売 掛 金 イ．貸 倒 引 当 金 ウ．売　　　　上 エ．償却債権取立益 オ．貸 倒 損 失 カ．貸倒引当金繰入

10	株式会社ＮＳ商事の設立にあたり、1株当たり¥100,000で株式を100株発行し、出資者より現金を受け取った。発行価額の全額を資本金とする。				勘 定 科 目
	借方科目	金額	貸方科目	金額	ア．現　　　　金 イ．当 座 預 金 ウ．普 通 預 金 エ．資 本 金 オ．利 益 準 備 金 カ．繰越利益剰余金

		勘　定　科　目
11	新店舗を賃借し、1か月分の家賃￥400,000、敷金￥800,000を普通預金口座から振り込んだ。	ア．当　座　預　金 イ．普　通　預　金 ウ．差　入　保　証　金 エ．受　取　家　賃 オ．支　払　手　数　料 カ．支　払　家　賃

借方科目	金額	貸方科目	金額

		勘　定　科　目
12	当座預金口座を開設し、普通預金口座からの振替えにより￥200,000を預け入れた。また、口座開設と同時に当座借越契約（限度額￥3,600,000）を締結し、その担保として普通預金口座から￥4,000,000を定期預金口座へ預け入れた。	ア．現　　　　　金 イ．当　座　預　金 ウ．普　通　預　金 エ．定　期　預　金 オ．受　取　手　数　料 カ．支　払　手　数　料

借方科目	金額	貸方科目	金額

		勘　定　科　目
13	今月（5月）分の従業員に対する給料￥2,000,000を、所得税の源泉徴収額￥148,000および健康保険・厚生年金・雇用保険の社会保険料合計￥186,000を控除し、各従業員の指定する銀行口座へ当社の普通預金口座から振り込んで支給した。	ア．現　　　　　金 イ．当　座　預　金 ウ．普　通　預　金 エ．所　得　税　預　り　金 オ．社　会　保　険　料　預　り　金 カ．給　　　　　料

借方科目	金額	貸方科目	金額

		勘　定　科　目
14	商品￥600,000をクレジット払いの条件で販売するとともに、信販会社へのクレジット手数料（販売代金の5％）を計上した。	ア．クレジット売掛金 イ．買　掛　金 ウ．売　　　　　上 エ．受　取　手　数　料 オ．仕　　　　　入 カ．支　払　手　数　料

借方科目	金額	貸方科目	金額

		勘　定　科　目
15	以下のとおり納付書にもとづき、当社の普通預金口座から振り込んだ。	ア．当　座　預　金 イ．普　通　預　金 ウ．仮　払　消　費　税 エ．仮　受　消　費　税 オ．未　払　法　人　税　等 カ．未　払　消　費　税

領　収　証　書

科目　消費税及び地方消費税	本　税	￥280,000	納期等 の区分	X20401 X30331
	○○○税		中間申告	確定申告
	△△税			
住所　福岡県福岡市○○	□□税			
	××税		出納印 ×3.5.30 NS銀行	
氏名　福岡商事株式会社	合計額	￥280,000		

借方科目	金額	貸方科目	金額

3級

この問題は、読者特典で**ネット試験の体験**ができます。
統一試験(ペーパー試験)形式の解答練習だけではなく、
同じ問題をネットで解くことで、
CBT試験対策にお役立てください。
⇒**詳しくは目次ページをご参照ください。**

第6回 日商簿記検定試験対策
問題・答案用紙
（制限時間　60分）

出題論点と難易度

設　問	出　題　論　点	論　点　の　詳　細	難易度
第1問	1．前払金	前払金がある場合の商品仕入時（自動車販売業）の処理	★★
	2．当座預金口座の開設	当座預金口座の開設時の処理	★
	3．商品券	商品券を受け取った場合の売上時の処理	★
	4．有形固定資産の購入	有形固定資産の購入時の処理	★
	5．株式の発行（増資時）	増資時の株式発行の処理	★
	6．手形貸付金	手形を受け取って貸し付けた場合の処理	★
	7．仮払金	旅費の概算額を渡したときの処理	★
	8．差入保証金	ビルの賃借を開始したときの処理	★
	9．損益勘定	損益勘定から繰越利益剰余金勘定への振替え	★★
	10．証ひょう	法人税等の中間申告時の処理	★
	11．電子記録債権	電子記録債権の発生記録が行われたときの処理	★
	12．貸倒れ	売掛金（前期販売分）の貸倒れの処理	★★
	13．従業員立替金	従業員負担の保険料を立て替えたときの処理	★
	14．給料の支払い	給料の支払時の処理	★★
	15．証ひょう	商品を仕入れたときの処理、消費税	★
第2問	問1　勘定記入	備品勘定および備品減価償却累計額勘定への記入	★★
	問2　伝票会計	伝票の記入	★
第3問	財務諸表	決算整理前残高試算表からの財務諸表の作成	★★

（難易度　★★★…高い　★★…普通　★…低い）

Net-School
https://www.net-school.co.jp/
© Net-School

第1問 （45点）

下記の各取引について仕訳しなさい。ただし、勘定科目は、各取引の右の勘定科目から最も適当と思われるものを選び、**記号**で解答すること。なお、消費税については、指示がある取引についてのみ考慮すること。また、各取引は独立している。

1	かねて注文していた販売目的の中古自動車¥3,200,000を引き取り、代金のうち¥400,000については注文時に支払った手付金を充当し、残額は後日支払うこととした。また、その引取運送費（当社負担）¥60,000を現金で支払った。なお、当社は自動車販売業を営んでいる。				
	借方科目	金額	貸方科目	金額

勘 定 科 目
ア．現　　　　金
イ．前　払　金
ウ．車両運搬具
エ．買　掛　金
オ．未　払　金
カ．仕　　　　入

2	銀行で当座預金口座を開設し、¥5,000,000を普通預金口座からの振り替えにより当座預金口座に入金した。また、小切手帳の交付を受け、手数料として¥2,000を現金で支払った。				
	借方科目	金額	貸方科目	金額

勘 定 科 目
ア．現　　　　金
イ．当　座　預　金
ウ．普　通　預　金
エ．定　期　預　金
オ．受　取　手　数　料
カ．支　払　手　数　料

3	商品¥300,000を販売し、代金のうち¥200,000は信販会社が発行している商品券で受け取り、残額は現金で受け取った。				
	借方科目	金額	貸方科目	金額

勘 定 科 目
ア．現　　　　金
イ．当　座　預　金
ウ．売　掛　金
エ．受　取　商　品　券
オ．売　　　　上
カ．仕　　　　入

4	業務で使用する目的でコピー複合機¥1,400,000を購入し、搬入設置費用¥60,000を含めた¥1,460,000のうち¥700,000は小切手を振り出して支払い、残額は翌月以降の分割払いとした。				
	借方科目	金額	貸方科目	金額

勘 定 科 目
ア．現　　　　金
イ．当　座　預　金
ウ．建　　　　物
エ．備　　　　品
オ．買　掛　金
カ．未　払　金

5	株式会社ＮＳ商事は増資を行うことになり、1株当たり¥100,000で株式を新たに200株発行し、出資者より当社の普通預金口座に払込金が振り込まれた。発行価額の全額を資本金とする。				
	借方科目	金額	貸方科目	金額

勘 定 科 目
ア．当　座　預　金
イ．普　通　預　金
ウ．定　期　預　金
エ．資　本　金
オ．利　益　準　備　金
カ．繰越利益剰余金

6	福岡商事株式会社に資金￥2,600,000を貸し付けるため、同社振出しの約束手形を受け取り、同日中に当社の当座預金口座より福岡商事株式会社の銀行預金口座に同額を振り込んだ。なお、利息は返済時に受け取ることとした。				勘定科目 ア．当座預金 イ．受取手形 ウ．手形貸付金 エ．支払手形 オ．手形借入金 カ．受取利息

借方科目	金額	貸方科目	金額

7	従業員の出張にあたり、旅費の概算額￥60,000を現金で渡した。				勘定科目 ア．現　　金 イ．仮　払　金 ウ．前　払　金 エ．仮　受　金 オ．前　受　金 カ．保　険　料

借方科目	金額	貸方科目	金額

8	新規出店のためにビルの1階部分を1か月当たり￥360,000にて賃借する契約を結んだ。契約にあたり、敷金（家賃の2か月分）および不動産業者に対する仲介手数料（家賃の1か月分）を、小切手を振り出して支払った。				勘定科目 ア．現　　金 イ．普通預金 ウ．当座預金 エ．差入保証金 オ．受取手数料 カ．支払手数料

借方科目	金額	貸方科目	金額

9	損益勘定の記録によると、当期の収益総額は￥3,200,000で費用総額は￥4,000,000であった。この差額を繰越利益剰余金勘定へ振り替える。				勘定科目 ア．資　本　金 イ．利益準備金 ウ．繰越利益剰余金 エ．損　　益 オ．売　　上 カ．仕　　入

借方科目	金額	貸方科目	金額

10 以下のとおり納付書にもとづき、当社の普通預金口座から振り込んだ。

勘定科目
ア．当座預金
イ．普通預金
ウ．仮払消費税
エ．仮払法人税等
オ．仮受消費税
カ．未払法人税等

```
                領 収 証 書
┌──────────┬─────────┬────────────
│ 科目          │ 本   税 │ ￥120,000 │ 納期等 X20401
│        法人税 │         │           │ の区分 X30331
│              ├─────────┼───────────┤
│              │ ○○○税 │           │ （中間 確定
│              ├─────────┼───────────┤  申告  申告）
│              │ △ △ 税 │           │
├──┬──────────┼─────────┼───────────┤
│住 │福岡県福岡市○○│ □□税   │           │
│  │          ├─────────┼───────────┤  出納印
│所 │          │ ××税   │           │ ×2.11.28
├──┼──────────┼─────────┼───────────┤  NS銀行
│氏 │福岡商事株式会社│ 合計額 │ ￥120,000 │
│名 │          │         │           │
└──┴──────────┴─────────┴───────────┘
```

借方科目	金額	貸方科目	金額

	売掛金¥800,000について、当社の取引銀行を通じて電子記録債権の発生記録が行われたとの連絡を受けた。				勘 定 科 目
11	借方科目	金額	貸方科目	金額	ア．電子記録債権 イ．売 掛 金 ウ．電子記録債務 エ．買 掛 金 オ．売 上 カ．仕 入

	得意先が倒産し、売掛金¥2,080,000（前期販売分）のうち¥520,000は、かねて注文を受けたさいに受け取っていた手付金と相殺し、残額は貸倒れとして処理した。なお、貸倒引当金の残高は¥1,000,000である。				勘 定 科 目
12	借方科目	金額	貸方科目	金額	ア．売 掛 金 イ．前 払 金 ウ．買 掛 金 エ．前 受 金 オ．貸倒引当金 カ．貸 倒 損 失

	従業員負担の保険料¥10,000を現金で立て替えて支払った。				勘 定 科 目
13	借方科目	金額	貸方科目	金額	ア．現 金 イ．従業員立替金 ウ．社会保険料預り金 エ．従業員預り金 オ．法定福利費 カ．保 険 料

	従業員に対する給料の支払いにあたり、給料総額¥2,000,000のうち、所得税の源泉徴収額¥72,000および本人負担の社会保険料¥114,000を差し引き、残額を普通預金口座から従業員の預金口座へ振り替えて支給した。				勘 定 科 目
14	借方科目	金額	貸方科目	金額	ア．現 金 イ．当 座 預 金 ウ．普 通 預 金 エ．所得税預り金 オ．社会保険料預り金 カ．給 料

	商品を仕入れ、品物とともに次の納品書を受け取り、代金は消費税を含めて後日支払うこととした。なお、消費税については、税抜方式で記帳する。				勘 定 科 目
15					ア．売 掛 金 イ．仮 払 消 費 税 ウ．買 掛 金 エ．仮 受 消 費 税 オ．売 上 カ．仕 入

納品書

ＮＳ商事株式会社　御中

青森商会株式会社

品　　物	数量	単　価	金　　額
電卓Ａ	20	¥2,400	¥ 48,000
電卓Ｂ	40	¥3,000	¥120,000
		消費税	¥ 16,800
		合計	¥184,800

借方科目	金額	貸方科目	金額

3級

第7回 日商簿記検定試験対策
問題・答案用紙

（制限時間　60分）

出題論点と難易度

設　問	出　題　論　点	論　点　の　詳　細	難易度
第1問	1．有形固定資産の売却	有形固定資産の売却時の処理	★★★
	2．クレジット売掛金	クレジット売掛金の決済時の処理	★
	3．消費税	商品を仕入れたときの消費税の処理	★
	4．複数口座の管理	当座預金口座を開設したときの処理	★
	5．償却債権取立益	償却済債権の回収時の処理	★★
	6．再振替仕訳	当座借越の再振替仕訳の処理	★★
	7．定期預金	定期預金口座に預け入れたときの処理	★
	8．前払金	手付金を支払ったときの処理	★
	9．電子記録債務	電子記録債務が決済されたときの処理	★
	10．収益の処理	地代を受け取った時の処理	★
	11．受取手形	受取手形が決済されたときの処理	★
	12．借入金	資金を借り入れたときの処理	★
	13．前受金	手付金を受け取ったときの処理	★
	14．売上の処理	送料を含める売上の処理	★★
	15．伝票	振替伝票への記入	★
第2問	問1　勘定記入	受取利息勘定および未収利息勘定への記入	★★
	問2　補助簿の選択	該当する補助簿の選択	★
第3問	決算整理後残高試算表	決算整理後残高試算表の作成	★★

（難易度　★★★…高い　★★…普通　★…低い）

https://www.net-school.co.jp/

第1問 （45点）

　下記の各取引について仕訳しなさい。ただし、勘定科目は、各取引の右の勘定科目から最も適当と思われるものを選び、**記号**で解答すること。なお、消費税については、指示がある取引についてのみ考慮すること。また、各取引は独立している。

1	X4年4月1日に購入した備品（取得原価￥3,000,000、残存価額ゼロ、耐用年数5年、減価償却費の計算は定額法、間接法で記帳）をX8年9月30日に￥320,000で売却し、代金は翌月10日に普通預金口座に振り込まれることになっている。なお、当社の決算日は3月31日（会計期間は1年）であり、当期首から売却時点までの減価償却費は月割りで計算すること。				勘　定　科　目 ア．普　通　預　金 イ．未　収　入　金 ウ．備　　　　品 エ．備品減価償却累計額 オ．減　価　償　却　費 カ．固定資産売却益
	借方科目	金額	貸方科目	金額	

2	クレジット売掛金￥460,000が当座預金口座に振り込まれた。				勘　定　科　目 ア．現　　　　金 イ．当　座　預　金 ウ．普　通　預　金 エ．クレジット売掛金 オ．電　子　記　録　債　権 カ．電　子　記　録　債　務
	借方科目	金額	貸方科目	金額	

3	商品（本体価格￥600,000）を仕入れ、代金は10％の消費税を含めて掛けとした。なお、消費税は税抜方式で記帳する。				勘　定　科　目 ア．売　　掛　　金 イ．仮　払　消　費　税 ウ．買　　掛　　金 エ．仮　受　消　費　税 オ．売　　　　上 カ．仕　　　　入
	借方科目	金額	貸方科目	金額	

4	ＮＳ銀行とＫＦ信用金庫に当座預金口座を開設し、それぞれの当座預金に現金￥400,000を預け入れた。ただし、管理のために口座ごとに勘定を設定することとした。				勘　定　科　目 ア．現　　　　金 イ．当座預金ＮＳ銀行 ウ．当座預金ＫＦ信用金庫 エ．受　取　利　息 オ．支　払　利　息 カ．租　税　公　課
	借方科目	金額	貸方科目	金額	

5	前期に得意先が倒産し、その際に売掛金￥400,000の貸倒れ処理を行っていたが、本日、得意先の清算に伴い￥100,000の分配を受け、普通預金口座に振り込まれた。なお、貸倒引当金勘定には￥160,000の残高がある。				勘　定　科　目 ア．当　座　預　金 イ．普　通　預　金 ウ．貸　倒　引　当　金 エ．償却債権取立益 オ．貸　倒　損　失 カ．貸倒引当金繰入
	借方科目	金額	貸方科目	金額	

	前期の決算において、当座預金口座が当座借越￥100,000の状態となっていたので、当座借越勘定に振り替えていた。本日（当期首）、元の勘定への再振替仕訳を行う。				勘 定 科 目
6	借方科目	金額	貸方科目	金額	ア．現　　　金 イ．当　座　預　金 ウ．普　通　預　金 エ．定　期　預　金 オ．貸　　付　　金 カ．当　座　借　越

	定期預金（1年満期、利率年1％）に現金￥1,000,000を預け入れた。				勘 定 科 目
7	借方科目	金額	貸方科目	金額	ア．現　　　金 イ．普　通　預　金 ウ．定　期　預　金 エ．借　　入　　金 オ．受　取　利　息 カ．支　払　利　息

	商品￥600,000を注文し、手付金として￥120,000を現金で支払った。				勘 定 科 目
8	借方科目	金額	貸方科目	金額	ア．現　　　金 イ．当　座　預　金 ウ．前　払　金 エ．前　受　金 オ．売　　　上 カ．仕　　　入

	電子記録債務￥240,000が決済され、同額が当座預金口座から引き落とされた。				勘 定 科 目
9	借方科目	金額	貸方科目	金額	ア．当　座　預　金 イ．普　通　預　金 ウ．電子記録債権 エ．クレジット売掛金 オ．電子記録債務 カ．買　掛　金

	当座預金口座に地代￥72,000が入金された。				勘 定 科 目
10	借方科目	金額	貸方科目	金額	ア．現　　　金 イ．当　座　預　金 ウ．普　通　預　金 エ．受　取　商　品　券 オ．受　取　手　数　料 カ．受　取　地　代

	受取手形￥160,000が決済され、当座預金口座に振り込まれた。				勘 定 科 目
11	借方科目	金額	貸方科目	金額	ア.当 座 預 金 イ.普 通 預 金 ウ.電子記録債権 エ.受 取 手 形 オ.電子記録債務 カ.支 払 手 形

	取引銀行から短期資金として￥1,000,000を借り入れ、利息￥30,000を差し引かれた残額が普通預金口座に振り込まれた。				勘 定 科 目
12	借方科目	金額	貸方科目	金額	ア.当 座 預 金 イ.普 通 預 金 ウ.貸 付 金 エ.借 入 金 オ.受 取 利 息 カ.支 払 利 息

	商品￥200,000の注文を受け、手付金として￥40,000を現金で受け取った。				勘 定 科 目
13	借方科目	金額	貸方科目	金額	ア.現 金 イ.普 通 預 金 ウ.前 払 金 エ.前 受 金 オ.売 上 カ.仕 入

	株式会社愛知商会に、商品￥2,750,000を送料￥140,000を含めた￥2,890,000で掛け売上とした。また、商品の発送時に、配送業者に送料￥140,000を小切手を振り出して支払い、費用として処理した。				勘 定 科 目
14	借方科目	金額	貸方科目	金額	ア.当 座 預 金 イ.受 取 手 形 ウ.売 掛 金 エ.売 上 オ.仕 入 カ.発 送 費

	商品￥400,000を売り上げ、代金のうち￥100,000は現金で受け取り、残額は掛けとした。そこで、入金伝票を次のように作成したとき、振替伝票に記入される仕訳を示しなさい。なお、3伝票制を採用している。				勘 定 科 目
15					ア.現 金 イ.普 通 預 金 ウ.売 掛 金 エ.買 掛 金 オ.売 上 カ.仕 入

入 金 伝 票

科 目	金 額
売 上	100,000

借方科目	金額	貸方科目	金額

3級

第8回 日商簿記検定試験対策
問題・答案用紙
（制限時間　60分）

出題論点と難易度

設問	出題論点	論点の詳細	難易度
第1問	1．有形固定資産の購入	有形固定資産の購入時の処理	★★
	2．損益勘定	損益勘定から繰越利益剰余金勘定への振替え	★★
	3．仮受金	内容不明の入金があったときの処理	★
	4．支払家賃	家賃を支払ったときの処理	★
	5．証ひょう	出張旅費の精算に関する処理	★
	6．資本的支出・収益的支出	建物の改築と修繕を行ったときの処理	★★
	7．電子記録債務	電子記録債務の発生時の処理	★
	8．消費税	商品を販売したときの消費税の処理	★
	9．借入金	借入金の返済時の処理	★★
	10．保管費	倉庫の使用料が引き落とされたときの処理	★
	11．電子記録債権	電子記録債権が決済されたときの処理	★
	12．再振替仕訳	未払利息の再振替仕訳の処理	★
	13．売上の処理	送料を含める売上の処理	★★
	14．手形の受取り	手形の受取時の処理	★
	15．伝票	振替伝票への記入	★
第2問	問1　勘定記入	損益勘定および繰越利益剰余金勘定への記入	★★
	問2　仕訳	証ひょうからの仕訳	★
第3問	財務諸表	決算整理前の各勘定残高からの財務諸表の作成	★★

（難易度　★★★…高い　★★…普通　★…低い）

第1問 （45点）

下記の各取引について仕訳しなさい。ただし、勘定科目は、各取引の右の勘定科目から最も適当と思われるものを選び、**記号**で解答すること。なお、消費税については、指示がある取引についてのみ考慮すること。また、各取引は独立している。

	新店舗を開設する目的で、土地500㎡を、1㎡当たり¥60,000で購入した。購入手数料¥500,000は普通預金口座から仲介業者に支払い、土地代金は月末に支払うことにした。				勘定科目
1	借方科目	金額	貸方科目	金額	ア．現　　　　　金 イ．当　座　預　金 ウ．普　通　預　金 エ．土　　　　　地 オ．買　　掛　　金 カ．未　　払　　金

	損益勘定の記録によると、当期の収益総額は¥4,000,000で費用総額は¥3,200,000であった。この差額を繰越利益剰余金勘定へ振り替える。				勘定科目
2	借方科目	金額	貸方科目	金額	ア．資　　本　　金 イ．利　益　準　備　金 ウ．繰越利益剰余金 エ．損　　　　　益 オ．売　　　　　上 カ．仕　　　　　入

	出張中の従業員から普通預金口座に¥720,000の入金があった。このうち、¥600,000は売掛金の回収額と判明したが、残額の内容は不明であった。				勘定科目
3	借方科目	金額	貸方科目	金額	ア．当　座　預　金 イ．普　通　預　金 ウ．売　　掛　　金 エ．仮　　払　　金 オ．買　　掛　　金 カ．仮　　受　　金

	当月分の家賃¥120,000を普通預金口座から振り込んで支払った。				勘定科目
4	借方科目	金額	貸方科目	金額	ア．現　　　　　金 イ．当　座　預　金 ウ．普　通　預　金 エ．受　取　家　賃 オ．支　払　家　賃 カ．差　入　保　証　金

	出張旅費を本人が立て替えて支払っていた従業員Y氏が出張から帰社し、下記の領収書を提示したので、当社の普通預金口座から従業員の指定する普通預金口座へ振り込んで精算した。				勘定科目
5					ア．当　座　預　金 イ．普　通　預　金 ウ．仮　　払　　金 エ．仮　　受　　金 オ．旅　費　交　通　費 カ．消　耗　品　費

領　収　書

No. 2019
X1年5月8日

株式会社NS商会　様

¥ 60,000

但し　旅客運賃として
上記金額を正に領収いたしました。

〇〇旅客鉄道株式会社（公印省略）
××駅発行　取扱者（捺印省略）

借方科目	金額	貸方科目	金額

6	建物の改築と修繕を行い、代金¥6,000,000を普通預金口座から支払った。支出額のうち資本的支出は¥4,800,000であり、収益的支出は¥1,200,000である。					勘定科目

	借方科目	金額	貸方科目	金額
6				

勘定科目
ア.当座預金
イ.普通預金
ウ.建物
エ.備品
オ.修繕費
カ.減価償却費

買掛金¥600,000について、電子記録債務の発生記録を行った。

	借方科目	金額	貸方科目	金額
7				

勘定科目
ア.当座預金
イ.普通預金
ウ.電子記録債権
エ.売掛金
オ.電子記録債務
カ.買掛金

商品¥800,000を販売し、代金は10%の消費税を含めて掛けとした。なお、消費税は税抜方式で記帳する。

	借方科目	金額	貸方科目	金額
8				

勘定科目
ア.売掛金
イ.仮払消費税
ウ.買掛金
エ.仮受消費税
オ.売上
カ.仕入

取引銀行から短期資金として¥3,000,000を借り入れていたが、支払期日が到来したため、元利合計を当座預金から返済した。なお、借入れにともなう利率は年1.2%、借入期間は当期中の6か月であった。

	借方科目	金額	貸方科目	金額
9				

勘定科目
ア.当座預金
イ.普通預金
ウ.貸付金
エ.借入金
オ.受取利息
カ.支払利息

商品の保管に使用している倉庫の使用料¥100,000が普通預金口座から引き落とされた。

	借方科目	金額	貸方科目	金額
10				

勘定科目
ア.現金
イ.当座預金
ウ.普通預金
エ.修繕費
オ.保管費
カ.諸会費

	電子記録債権￥320,000が決済され、同額が普通預金口座へ振り込まれた。				勘定科目
11	借方科目	金額	貸方科目	金額	ア. 当 座 預 金
					イ. 普 通 預 金
					ウ. 電 子 記 録 債 権
					エ. クレジット売掛金
					オ. 電 子 記 録 債 務
					カ. 買 掛 金

	前期の決算において未払利息￥100,000を計上していたので、本日（当期首）、再振替仕訳を行った。				勘定科目
12	借方科目	金額	貸方科目	金額	ア. 未 収 利 息
					イ. 前 払 利 息
					ウ. 未 払 利 息
					エ. 前 受 利 息
					オ. 受 取 利 息
					カ. 支 払 利 息

	得意先石川商事株式会社に、商品￥700,000を送料￥15,000を含めた￥715,000で掛け売上とした。また、商品の発送時に、配送業者に送料￥15,000を現金で支払い、費用として処理した。				勘定科目
13	借方科目	金額	貸方科目	金額	ア. 現 金
					イ. 売 掛 金
					ウ. 前 払 金
					エ. 前 受 金
					オ. 売 上
					カ. 発 送 費

	売掛金￥400,000の回収として、同額の約束手形を受け取った。				勘定科目
14	借方科目	金額	貸方科目	金額	ア. 受 取 手 形
					イ. 売 掛 金
					ウ. 支 払 手 形
					エ. 買 掛 金
					オ. 売 上
					カ. 仕 入

	商品￥300,000を売り上げ、代金のうち￥100,000は現金で受け取り、残額は掛けとした。そこで、入金伝票を次のように作成したとき、振替伝票に記入される仕訳を示しなさい。なお、3伝票制を採用している。				勘定科目
15					ア. 現 金
					イ. 普 通 預 金
					ウ. 売 掛 金
					エ. 買 掛 金
					オ. 売 上
					カ. 仕 入

入 金 伝 票	
科 目	金 額
売 掛 金	100,000

借方科目	金額	貸方科目	金額

第2問 (20点)

問1

次の [資料] にもとづいて、損益勘定および繰越利益剰余金勘定への記入を完成しなさい。なお、会計期間はX8年4月1日からX9年3月31日までの1年間である。

[資料]

1. 期首商品棚卸高:￥1,600,000		4. 売上原価は仕入勘定で算定する。	
2. 決算整理前の仕入勘定残高:￥14,400,000		5. 税引前の当期純利益の30%を法人税等として計	
3. 期末商品棚卸高:￥2,000,000		上する。	

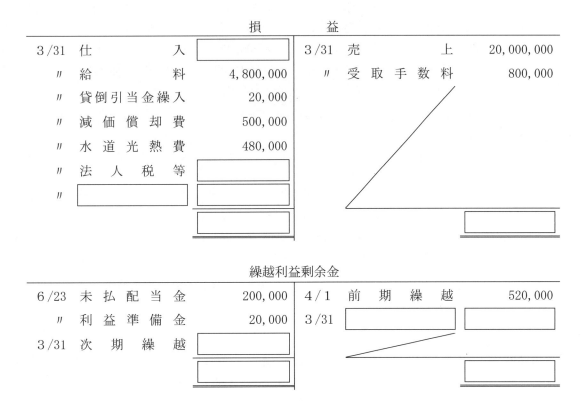

問2

取引銀行のインターネットバンキングサービスから当座勘定照合表（入出金明細）を参照したところ、次のとおりであった。そこで、答案用紙の日付において必要な仕訳を答えなさい。ただし、勘定科目は、下記の [勘定科目] の中から最も適当と思われるものを選び、記号で解答すること。

当座勘定照合表

取引日	摘要	お支払金額	お預り金額	取引残高
9.20	融資ご返済	1,000,000		省
9.20	融資お利息	8,000		
9.30	電子記録債権入金		200,000	略

[勘定科目]

ア. 現金　　　イ. 当座預金　　　ウ. 普通預金　　　エ. 電子記録債権　　　オ. 貸付金
カ. 電子記録債務　　　キ. 借入金　　　ク. 受取利息　　　ケ. 支払利息

取引日	借方科目	金額	貸方科目	金額
9.20				
9.30				

第3問 (35点)

次の⑴決算整理前の総勘定元帳の各勘定残高、⑵決算整理事項等にもとづいて、貸借対照表と損益計算書を完成しなさい。なお、当会計期間はX8年4月1日からX9年3月31日までの1年間である。

⑴ 決算整理前の総勘定元帳の各勘定残高

現 金 ¥ 356,000	現金過不足 ¥ 6,600	当 座 預 金 ¥ 1,051,800
定 期 預 金 1,200,000	電子記録債権 1,510,000	売 掛 金 680,000
繰 越 商 品 1,244,000	建 物 6,600,000	備 品 1,500,000
土 地 2,022,000	買 掛 金 1,586,000	借 入 金 2,640,000
建物減価償却累計額 2,376,000	備品減価償却累計額 450,000	貸 倒 引 当 金 24,000
資 本 金 6,000,000	繰越利益剰余金 1,000,000	売 上 19,330,000
仕 入 13,880,000	給 料 2,524,000	旅 費 交 通 費 510,000
保 険 料 216,000	支 払 利 息 105,600	

※ 現金過不足勘定は、期中に現金の実際有高が帳簿残高より不足していたため計上している。また、当座預金勘定は、借方残高である。

⑵ 決算整理事項等

1．電子記録債権¥140,000の支払期日が到来し、当座預金口座に入金されていたが、この取引が処理されていなかった。

2．現金過不足の原因を調査した結果、旅費交通費¥8,200の記入漏れが判明し、残額については原因が不明であるため、雑損または雑益として処理する。

3．電子記録債権および売掛金の期末残高に対して2％の貸倒れを見積もり、差額補充法により貸倒引当金を設定する。

4．期末商品の棚卸高は¥1,407,200である。

5．建物および備品について、定額法によって減価償却を行う。建物は耐用年数30年、残存価額は取得原価の10％とする。備品は耐用年数6年、残存価額ゼロとする。なお、備品のうち¥600,000は当期の10月10日に取得したものであり、月割計算によること。

6．定期預金は当期の11月5日に1年満期（利率年2.5％）で預け入れたものである。すでに経過した146日分の利息を未収計上する。なお、利息は1年を365日とする日割計算によること。

7．保険料は当期の10月1日に向こう1年分をまとめて支払ったものであり、未経過高を月割計上する。

8．給料の未払分が¥36,000ある。

9．税引前の当期純利益の30％を法人税等として計上する。

貸　借　対　照　表
X9年３月31日　　　　　　　　　　　　　　　　　（単位：円）

現　　　　　金		買　掛　金	
当 座 預 金		未払法人税等	
定 期 預 金		借　入　金	
電子記録債権		□　費　用	
貸 倒 引 当 金		資　本　金	
売　掛　金		繰越利益剰余金	
貸 倒 引 当 金			
商　　　品			
□　費　用			
□　収　益			
建　　　物			
減価償却累計額			
備　　　品			
減価償却累計額			
土　　　地			

損　益　計　算　書
X8年４月１日からX9年３月31日まで　　　　　　　（単位：円）

□		売　上　高	
給　　　料		受 取 利 息	
貸倒引当金繰入		□	
減 価 償 却 費			
旅 費 交 通 費			
保　険　料			
支 払 利 息			
法 人 税 等			
当 期 純 □			

第2問 (20点)

問1

　取引先に対して、前期の12月1日に¥2,000,000を、期間2年、年利率3％、利払日5月および11月末日の条件で貸し付けた。当期中の受取利息に関する諸勘定の記入は、次のとおりであった。各勘定に記入された取引等を推定し、各勘定への記入を完成しなさい。なお、利息は利払日にすべて現金で受け取っている。

　会計期間は、4月1日から3月31日までの1年間とする。未収利息は、月割計算によって求めなさい。

受　取　利　息				
4/1			5/31 現　　金	
3/31			11/30　〃	
			3/31	

未　収　利　息				
4/1 前期繰越			4/1	
3/31			3/31	

損　　益	
	3/31

問2

　鳥取商事株式会社の次の [資料] にもとづいて、下記の(1)および(2)に答えなさい。なお、商品売買取引の処理は3分法により行っている。

[資料]　X1年5月中の取引

　1日　備品¥1,700,000を購入し、引取運賃¥100,000を含めた合計額を、小切手を振り出して支払った。

　12日　商品¥1,200,000を売り上げ、代金のうち¥200,000は現金で受け取り、残額は掛けとした。

　18日　消耗品¥40,000を購入し、代金は後日支払うこととした。

　26日　商品¥600,000を仕入れ、注文時に支払った手付金¥100,000を差し引いた残額を掛けとした。

　31日　月次決算処理のひとつとして、5月1日に購入した備品について、残存価額をゼロ、耐用年数を6年とする定額法で減価償却を行い、減価償却費を月割で計上した。

(1)　答案用紙の各日付の取引が、どの補助簿に記入されるか答えなさい。なお、解答にあたっては、該当するすべての補助簿の欄にチェックマーク（☑）を入れること。ただし、該当する補助簿が1つもない取引は「該当なし」の欄にチェックマーク（☑）を入れること。

補助簿＼日付	現金出納帳	当座預金出納帳	商品有高帳	売掛金元帳（得意先元帳）	買掛金元帳（仕入先元帳）	仕入帳	売上帳	固定資産台帳	該当なし
1日	☐	☐	☐	☐	☐	☐	☐	☐	☐
12日	☐	☐	☐	☐	☐	☐	☐	☐	☐
18日	☐	☐	☐	☐	☐	☐	☐	☐	☐
26日	☐	☐	☐	☐	☐	☐	☐	☐	☐

(2)　31日に計上される減価償却費の金額を答えなさい。

¥

第3問 （35点）

　次の［**資料1**］および［**資料2**］にもとづいて、**問**に答えなさい。なお、会計期間はX8年4月1日からX9年3月31日までの1年間である。

［**資料1**］　　決算整理前残高試算表

借　　方	勘　定　科　目	貸　　方
560,000	現　　　　　　金	
1,960,000	普　通　預　金	
3,700,000	売　　掛　　金	
1,260,000	仮　払　消　費　税	
100,000	仮　払　法　人　税　等	
1,400,000	繰　越　商　品	
3,000,000	貸　　付　　金	
6,000,000	建　　　　　　物	
1,600,000	備　　　　　　品	
1,280,000	土　　　　　　地	
	買　　掛　　金	2,600,000
	前　　受　　金	100,000
	仮　受　消　費　税	2,000,000
	所　得　税　預　り　金	60,000
	貸　倒　引　当　金	16,000
	建物減価償却累計額	3,600,000
	備品減価償却累計額	1,199,999
	資　　本　　金	10,000,000
	繰　越　利　益　剰　余　金	424,001
	売　　　　　　上	20,000,000
12,600,000	仕　　　　　　入	
4,800,000	給　　　　　　料	
440,000	法　定　福　利　費	
200,000	租　　税　　公　　課	
240,000	通　　信　　費	
860,000	そ　の　他　費　用	
40,000,000		40,000,000

［**資料2**］　　決算整理事項等

1. 売掛金の代金¥100,000を現金で受け取ったさいに以下の仕訳を行っていたことが判明したので、適切に修正する。

　（借方）現　金　100,000　（貸方）前受金　100,000

2. 売掛金の期末残高に対して貸倒引当金を差額補充法により1％設定する。

3. 期末商品棚卸高は¥1,800,000である。

4. 有形固定資産について、次の要領で定額法により減価償却を行う。

　　建物：耐用年数20年　残存価額ゼロ
　　備品：耐用年数5年　残存価額ゼロ

　　なお、決算整理前残高試算表の備品¥1,600,000のうち¥600,000は昨年度にすでに耐用年数をむかえて減価償却を終了している。そこで、今年度は備品に関して残りの¥1,000,000についてのみ減価償却を行う。

5. 購入時に費用処理していた収入印紙の未使用高が¥40,000であるため、貯蔵品へ振り替える。

6. 消費税の処理（税抜方式）を行う。

7. 社会保険料の当社負担分¥40,000を未払計上する。

8. 貸付金は、X8年10月1日に貸付期間12か月、利率年4％（利息は返済時に全額受け取り）の条件で貸し付けたものである。なお、利息の計算は月割によること。

9. 法人税、住民税及び事業税が¥240,000と算定されたので、仮払法人税等との差額を未払法人税等として計上する。

問1　答案用紙の決算整理後残高試算表を完成しなさい。
問2　当期純利益または当期純損失の金額を答えなさい。なお、**当期純損失の場合は金額の頭に△を付すこと。**

問1

決算整理後残高試算表

借　　方	勘　定　科　目	貸　　方
	現　　　　　金	
1,960,000	普　通　預　金	
	売　　掛　　金	
	繰　越　商　品	
	貯　　蔵　　品	
	［　　　］利　息	
	貸　　付　　金	
	建　　　　　物	
	備　　　　　品	
1,280,000	土　　　　　地	
	買　　掛　　金	2,600,000
	所　得　税　預　り　金	
	［　　　］消　費　税	
	［　　　］法　人　税　等	
	［　　　］法定福利費	
	貸　倒　引　当　金	
	建物減価償却累計額	
	備品減価償却累計額	
	資　　本　　金	10,000,000
	繰　越　利　益　剰　余　金	
	売　　　　　上	
	受　取　利　息	
	仕　　　　　入	
	給　　　　　料	
	法　定　福　利　費	
	租　税　公　課	
	通　　信　　費	
	貸　倒　引　当　金　繰　入	
	減　価　償　却　費	
860,000	そ　の　他　の　費　用	
	法人税、住民税及び事業税	

問2　¥ [　　　　　　　]

第2問 (20点)
問1

次の[資料]にもとづいて、備品勘定および備品減価償却累計額勘定への記入を完成しなさい。定額法にもとづき減価償却が行われており、減価償却費は月割計算によって計上する。なお、備品Aは当期中に売却（売却価額¥160,000）しており、売却時に減価償却費を計上している。また、当社の決算日は毎年3月31日である。

[資料]

	取得日	取得原価	耐用年数	残存価額
備品A	X5年4月1日	¥ 600,000	5年	ゼロ
備品B	X7年4月1日	¥1,080,000	6年	ゼロ
備品C	X8年10月1日	¥ 660,000	5年	ゼロ

備　　　　品

日	付	摘　要	借　方	日	付	摘　　要	貸　方
X8	4　1	前 期 繰 越		X8	9　30	諸　　　　口	
	10　1	普 通 預 金		X9	3　31	次 期 繰 越	
X9	4　1	前 期 繰 越					

備品減価償却累計額

日	付	摘　要	借　方	日	付	摘　　要	貸　方
X8	9　30	備　　　　品		X8	4　1	前 期 繰 越	540,000
X9	3　31	次 期 繰 越		X9	3　31	減 価 償 却 費	
				X9	4　1	前 期 繰 越	

問2

次の各取引について、伝票に記入しなさい。なお、使用しない伝票には何も記入しないこと。また、当社では3伝票制を採用しており、商品売買取引の処理は3分法により行っている。勘定科目は、次の中から最も適当と思われるものを選び、番号で答えること。

① 現　　　金　② 仮　払　金　③ 買　掛　金　④ 仕　　　入　⑤ 旅費交通費

(1) 今週のはじめに、旅費交通費支払用のICカードに現金¥20,000を入金し、仮払金として処理していた。当社はこのICカードを使用したときに費用に振り替える処理を採用しているが、本日¥8,000分使用した。

出 金 伝 票	
科　　目	金　額

振 替 伝 票			
借 方 科 目	金　額	貸 方 科 目	金　額

(2) 販売用の中古車を¥2,000,000で購入し、代金のうち¥400,000は現金で支払い、残額は掛けとした。なお、当社は中古車販売業を営んでいる。

出 金 伝 票	
科　　目	金　額

振 替 伝 票			
借 方 科 目	金　額	貸 方 科 目	金　額
			2,000,000

第3問 （35点）

次の ［資料1］ および ［資料2］ にもとづいて、答案用紙の貸借対照表と損益計算書を完成しなさい。なお、会計期間はX8年4月1日からX9年3月31日までの1年間である。

［資料1］ 決算整理前残高試算表

借 方	勘 定 科 目	貸 方
550,000	現 金	
	当 座 預 金	452,000
1,142,000	普 通 預 金	
940,000	売 掛 金	
92,000	仮 払 法 人 税 等	
282,000	繰 越 商 品	
1,800,000	建 物	
800,000	備 品	
1,880,000	土 地	
	買 掛 金	454,000
	前 受 金	200,000
	社 会 保 険 料 預 り 金	26,000
	貸 倒 引 当 金	10,000
	建 物 減 価 償 却 累 計 額	360,000
	備 品 減 価 償 却 累 計 額	480,000
	資 本 金	3,600,000
	繰 越 利 益 剰 余 金	946,000
	売 上	6,586,000
	受 取 手 数 料	200,000
3,800,000	仕 入	
960,000	給 料	
584,000	広 告 宣 伝 費	
36,000	保 険 料	
168,000	水 道 光 熱 費	
280,000	法 定 福 利 費	
13,314,000		13,314,000

［資料2］ 決算整理事項等

1. 売掛金の代金 ¥140,000を現金で受け取ったさいに以下の仕訳を行っていたことが判明したので、適切に修正する。

  （借方）現 金 140,000 （貸方）前受金 140,000

2. 当座預金勘定の貸方残高全額を借入金勘定に振り替える。なお、取引銀行とは借越限度額を¥2,000,000とする当座借越契約を結んでいる。

3. 売掛金の期末残高に対して2％の貸倒引当金を差額補充法により設定する。

4. 期末商品棚卸高は¥218,000である。

5. 有形固定資産について、次の要領で定額法により減価償却を行う。

  建物：残存価額ゼロ、耐用年数30年

  備品：残存価額ゼロ、耐用年数5年

6. 保険料は全額当期の8月1日に向こう1年分を支払ったものであるが、1月中に解約した。保険会社から2月1日以降の保険料が月割で返金される旨の連絡があったため、この分を未収入金へ振り替える。

7. 手数料の未収分が¥40,000ある。

8. 法定福利費の未払分¥26,000を計上する。

9. 法人税等が ¥210,000と計算されたので、仮払法人税等との差額を未払法人税等として計上する。

貸 借 対 照 表
X9年3月31日　　　　　　　　　　　　　　　　　　　（単位：円）

現　　　　金		買　掛　金	
普 通 預 金		前　受　金	
売　掛　金		社会保険料預り金	
貸倒引当金		借　入　金	
商　　　品		［　　］費　用	
未 収 入 金		未払法人税等	
［　　］収益		資　本　金	
建　　　物		繰越利益剰余金	
減価償却累計額			
備　　　品			
減価償却累計額			
土　　　地			

損 益 計 算 書
X8年4月1日からX9年3月31日まで　　　　　　　　　　　（単位：円）

売 上 原 価		売　上　高	
給　　　料		受 取 手 数 料	
広 告 宣 伝 費			
保　険　料			
水 道 光 熱 費			
法 定 福 利 費			
貸倒引当金繰入			
減 価 償 却 費			
法 人 税 等			
当期純［　　］			

第2問 (20点)

問1

次の5月におけるX商品に関する[資料]にもとづいて、答案用紙の商品有高帳(X商品)を作成しなさい。なお、X商品の払出単価の決定方法として**先入先出法**を用いている。

[資料]

仕　入　帳

X8年		摘　　　　要	金　額
5	12	佐賀商事㈱　　　　　　　　　　掛	
		X商品　1,000個　@¥180	180,000
	28	大分商事㈱　　　　　　　　　　掛	
		X商品　600個　@¥190	114,000

売　上　帳

X8年		摘　　　　要	金　額
5	25	山口商事㈱　　　　　　　　　　掛	
		X商品　800個　@¥300	240,000

商　品　有　高　帳
X　商　品

(先入先出法)

X8年		摘　要	受入 数量	受入 単価	受入 金額	払出 数量	払出 単価	払出 金額	残高 数量	残高 単価	残高 金額
5	1	前月繰越			40,000						40,000
	12	仕　入									40,000
	25	売　上						40,000			
											72,000
	28	仕　入							400		

問2

次の文章の [　　　] にあてはまる最も適切な語句を選択して番号で答えなさい。

1	小売業を営む企業の総勘定元帳の勘定科目として存在する可能性があるものは [　　　] である。 ①前期繰越　②約束手形　③損益　④諸口　⑤次期繰越
2	決算においてのみ行われる仕訳ではないものは [　　　] と [　　　] である。 ① 仮払消費税の計上　② 未使用の切手代金の貯蔵品への振替　③ 費用・収益の損益勘定への振替 ④ 現金の勘定残高と実査高の差額の処理　⑤ 当座預金勘定の貸方残高の処理
3	決算整理前の合計試算表の貸方に金額が存在することがない勘定は [　　　] である。ただし、誤った仕訳や訂正仕訳は行っていないものとする。 ① 現金過不足　② 繰越商品　③ 支払利息　④ 仮払金　⑤仕入
4	簿記上の組み合わせとして存在しないものは [　　　] である。 ① 資本の減少と資本の増加　② 負債の減少と収益の発生　③ 資本の減少と費用の発生 ④ 負債の増加と負債の減少　⑤ 資本の減少と負債の増加

第3問 （35点）

次の［**決算整理事項等**］にもとづいて、答案用紙の精算表を完成しなさい。なお、会計期間はX8年4月1日からX9年3月31日までの1年間である。

［決算整理事項等］

1. 仮受金は、決算直前に得意先より受け入れていた名目不明な入金であったが、¥100,000については得意先山梨商店に対する売掛金を回収したものであり、残額は得意先長野商店から受領した商品代金の手付金であることが判明した。

2. 仮払金は、当期に備品を発注したさいに購入代金の一部を頭金として支払ったものである。なお、この備品（購入代価：¥340,000、引取運賃：¥20,000）はX9年1月1日の引渡しの直後から使用を始めているが、代金の残額をX9年4月に支払うこととなっているため、未記帳となっている。

3. 電子記録債権¥110,000の支払期日をむかえ、当座預金口座に入金済みであったが未記帳であった。

4. 電子記録債権および売掛金の期末残高に対して差額補充法により3％の貸倒引当金を設定する。

5. 期末商品の単価は@¥1,600、数量は500個であった。売上原価は「仕入」の行で計算する。

6. 建物および備品については定額法により減価償却を行う。

  建　　物　　耐用年数20年　　残存価額：取得原価の10％
  備　　品　　耐用年数5年　　残存価額：ゼロ

 なお、新備品については、上記と同じ条件で減価償却費の計算を行うが、月割計算による。

7. 定期預金は、当期の11月5日に1年満期（利率年2.5％）で預け入れたものである。すでに経過した146日分の利息を未収計上する。なお、利息は1年を365日とする日割計算によること。

8. 保険料は、当期の12月1日に1年分を前払いしたものである。

9. 受取家賃は、所有する建物の一部賃貸によるもので、毎回同額を6月1日と12月1日に向こう半年分として受け取っている。

精算表

勘定科目	残高試算表 借方	残高試算表 貸方	修正記入 借方	修正記入 貸方	損益計算書 借方	損益計算書 貸方	貸借対照表 借方	貸借対照表 貸方
現　　　　金	713,000						713,000	
当 座 預 金	1,360,000							
定 期 預 金	2,400,000						2,400,000	
電 子 記 録 債 権	750,000							
売 　掛 　金	760,000							
繰 越 商 品	860,000							
仮 　払 　金	240,000							
建　　　　物	6,000,000						6,000,000	
備　　　　品	1,600,000							
電 子 記 録 債 務		615,000						615,000
買 　掛 　金		680,000						680,000
前 　受 　金		34,000						
未 　払 　金		76,000						
仮 　受 　金		160,000						
貸 倒 引 当 金		28,000						
建物減価償却累計額		2,160,000						
備品減価償却累計額		640,000						
資 　本 　金		8,000,000						8,000,000
繰 越 利 益 剰 余 金		2,200,000						2,200,000
売 　　　　上		9,765,000				9,765,000		
受 取 家 賃		630,000						
受 取 利 息		12,000						
仕 　　　　入	4,500,000							
給 　　　　料	2,700,000				2,700,000			
旅 費 交 通 費	1,040,000				1,040,000			
水 道 光 熱 費	830,000				830,000			
保 　険 　料	486,000							
通 　信 　費	761,000				761,000			
	25,000,000	25,000,000						
貸倒引当金繰入								
減 価 償 却 費								
利　息								
保 険 料								
家　賃								
当 期 純								

第5回－6

第2問 （20点）
問1

X1年4月1日に設立されたＮＳ商事株式会社の次の［資料］にもとづいて、第2期における繰越利益剰余金勘定への記入を完成しなさい。なお、語句については、［語群］の中から選び、記号で答えること。

［資料］

第1期 （X1年4月1日からX2年3月31日までの1年間）
　① 決算において、当期純利益￥1,600,000を計上した。
　② 第1期には配当を行っていない。

第2期 （X2年4月1日からX3年3月31日までの1年間）
　① 6月20日に開催された株主総会において、繰越利益剰余金残高から次のように処分することが決議された。
　　　株主配当金　￥300,000　　配当に伴う（　？　）の積立て　￥30,000
　② 6月25日に、株主配当金￥300,000を普通預金口座から支払った。
　③ 決算において、当期純利益￥2,000,000を計上した。

［語群］
　ア．普通預金　　イ．資本金　　ウ．利益準備金　　エ．繰越利益剰余金　　オ．損益　　カ．次期繰越

繰越利益剰余金

日	付		摘　要	借　方	日	付		摘　要	貸　方
X2	6	20	未 払 配 当 金	300,000	X2	4	1	前 期 繰 越	
		〃			X3	3	31		
X3	3	31							

問2

ＮＳ株式会社の10月中の買掛金に関する取引の勘定記録は以下のとおりである。下記勘定の空欄のうち、（　①　）～（　⑤　）に入る適切な金額を答えなさい。なお、仕入先は下記2店のみとし、買掛金の支払いは普通預金口座による。各勘定は毎月末に締め切っている。

総 勘 定 元 帳
買 掛 金

10/ 5	（　　　　　）	220,000		10/ 1	（　　　　　）		1,000,000
8	普 通 預 金	400,000		10	（　　　　　）		820,000
16	（　　　　　）	700,000		15	（　　　　　）		700,000
20	（　　　　　）	220,000		18	仕　　　　　入	（　①　）	
25	普 通 預 金	（　②　）					
27	普 通 預 金	500,000					
31	（　　　　　）	700,000					
		（　　　　　）				（　　　　　）	

仕 入 先 元 帳
長 崎 商 店

10/ 5	支 払 い	220,000		10/ 1	（　　　　　）		440,000
20	支 払 い	（　　　　　）		10	仕 入 れ	（　③　）	
27	支 払 い	500,000					
31	（　　　　　）	320,000					
		（　　　　　）				（　　　　　）	

沖 縄 商 店

10/ 8	（　　　　　）	400,000		10/ 1	（　　　　　）	（　④　）	
16	返　　品	（　⑤　）		15	仕 入 れ	700,000	
25	支 払 い	（　　　　　）		18	（　　　　　）	760,000	
31	（　　　　　）	380,000					
		2,020,000				2,020,000	

①		②		③		④		⑤	

第3問 (35点)

次の(1)決算整理前残高試算表および(2)決算整理事項等にもとづいて、答案用紙の貸借対照表と損益計算書を完成しなさい。なお、会計期間は4月1日から翌3月31日までの1年間である。

(1) 　決算整理前残高試算表

借　方	勘　定　科　目	貸　方
320,000	現　　　　　金	
1,854,000	普　通　預　金	
1,300,000	売　　掛　　金	
1,240,000	仮　払　消　費　税	
290,000	繰　越　商　品	
4,000,000	建　　　　　物	
1,400,000	備　　　　　品	
6,000,000	土　　　　　地	
	買　　掛　　金	600,000
	借　　入　　金	2,400,000
	仮　　受　　金	400,000
	仮　受　消　費　税	1,400,000
	社会保険料預り金	40,000
	貸　倒　引　当　金	6,000
	建物減価償却累計額	960,000
	備品減価償却累計額	649,999
	資　　本　　金	6,000,000
	繰越利益剰余金	1,544,001
	売　　　　　上	16,000,000
11,600,000	仕　　　　　入	
1,000,000	給　　　　　料	
440,000	法　定　福　利　費	
300,000	水　道　光　熱　費	
184,000	保　　険　　料	
72,000	支　払　利　息	
30,000,000		30,000,000

(2) 決算整理事項等

1. 仮受金は、決算直前に得意先より受け入れていた名目不明な入金であったが、¥100,000については得意先岐阜商店に対する売掛金を回収したものであり、残額は得意先滋賀商店から受領した商品代金の手付金であることが判明した。

2. 売掛金の期末残高に対して貸倒引当金を差額補充法により1%設定する。

3. 期末商品棚卸高は¥300,000である。

4. 有形固定資産について、次の要領で定額法により減価償却を行う。
   建物：耐用年数25年　残存価額ゼロ
   備品：耐用年数4年　残存価額ゼロ
   なお、決算整理前残高試算表の備品¥1,400,000のうち、¥400,000はすでに耐用年数をむかえて減価償却を終了している。そこで、今年度は備品に関して残りの¥1,000,000についてのみ減価償却を行う。

5. 消費税の処理（税抜方式）を行う。

6. 社会保険料の当社負担分¥40,000を未払い計上する。

7. 借入金は当期の11月1日に期間1年、利率年3％で借り入れたものであり、借入時にすべての利息が差し引かれた金額を受け取っている。そこで、利息について月割により適正に処理する。

8. 未払法人税等¥600,000を計上する。なお、当期に中間納付はしていない。

貸 借 対 照 表
X9 年 3 月 31 日 　　　　　　　　　　　　　　　　　　　　（単位：円）

現　　　　金	320,000	買　掛　金	600,000
普 通 預 金	1,854,000	借　入　金	2,400,000
売　掛　金		前　受　金	
貸倒引当金		未 払 消 費 税	
商　　　品		未 払 法 人 税 等	
前 払 費 用		未 払 費 用	
建　　　物		社会保険料預り金	40,000
減価償却累計額		資　本　金	6,000,000
備　　　品		繰越利益剰余金	
減価償却累計額			
土　　　地	6,000,000		

損 益 計 算 書
X8 年 4 月 1 日から X9 年 3 月 31 日まで 　　　　　　　（単位：円）

売 上 原 価		売　上　高	
給　　　料	1,000,000		
貸倒引当金繰入			
減 価 償 却 費			
水 道 光 熱 費	300,000		
保　険　料			
法 定 福 利 費			
支 払 利 息			
法 人 税 等			
当 期 純 利 益			

第2問 (20点)

問1

広島商事株式会社は、日々の取引を入金伝票、出金伝票および振替伝票の3種類の伝票に記入し、これを1日分ずつ集計して仕訳日計表を作成し、この仕訳日計表から総勘定元帳に転記している。同社のX1年10月1日の取引について作成された次の各伝票（略式）にもとづいて、仕訳日計表を作成しなさい。

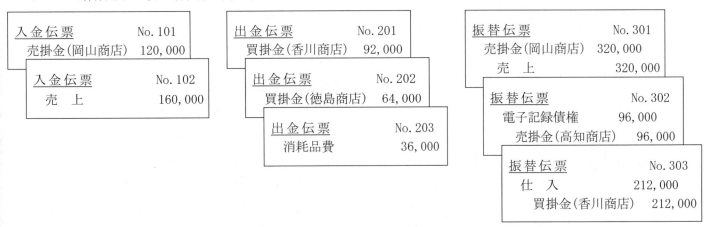

入金伝票	No.101
売掛金(岡山商店)	120,000

入金伝票	No.102
売　上	160,000

出金伝票	No.201
買掛金(香川商店)	92,000

出金伝票	No.202
買掛金(徳島商店)	64,000

出金伝票	No.203
消耗品費	36,000

振替伝票	No.301
売掛金(岡山商店)	320,000
売　上	320,000

振替伝票	No.302
電子記録債権	96,000
売掛金(高知商店)	96,000

振替伝票	No.303
仕　入	212,000
買掛金(香川商店)	212,000

仕 訳 日 計 表
X1年10月1日

借　方	勘 定 科 目	貸　方
	現　　　　金	
	電 子 記 録 債 権	
	売　　掛　　金	
	買　　掛　　金	
	売　　　　上	
	仕　　　　入	
	消　耗　品　費	

問2

X1年12月中の取引は次のとおりであった。それぞれの日付の取引が、どの補助簿に記入されるか答えなさい。なお、解答にあたっては、該当するすべての補助簿の欄にチェックマーク（☑）を入れること。

7日　商品¥800,000を仕入れ、代金のうち¥560,000については約束手形を振り出して支払い、残額は掛けとした。なお、引取運賃¥28,000については小切手を振り出して支払った。

12日　商品¥1,070,000を売り渡し、代金のうち¥700,000については得意先振出しの約束手形を受け取り、残額については掛けとした。

15日　12日に売り渡した商品の中に、異なる商品が混入していたため、¥62,000分の返品を受け、掛代金から差し引くこととした。

22日　先月に建物¥4,000,000と土地¥4,800,000を購入する契約をしていたが、本日その引渡しを受けた。この引渡しにともない、購入代金のうち¥2,000,000は契約時に仮払金勘定で処理していた手付金を充当し、残額は当座預金口座から振り込んだ。

補助簿 日付	当座預金出納帳	商品有高帳	売掛金元帳(得意先元帳)	買掛金元帳(仕入先元帳)	仕入帳	売上帳	受取手形記入帳	支払手形記入帳	固定資産台帳
7日	☐	☐	☐	☐	☐	☐	☐	☐	☐
12日	☐	☐	☐	☐	☐	☐	☐	☐	☐
15日	☐	☐	☐	☐	☐	☐	☐	☐	☐
22日	☐	☐	☐	☐	☐	☐	☐	☐	☐

第3問 (35点)

当社（会計期間はX8年4月1日からX9年3月31日までの1年間）の(1)決算整理前残高試算表および(2)決算整理事項等にもとづいて、下記の**問**に答えなさい。なお、出題の便宜上、解答に影響しない費用は「その他の費用」に合計額を示している。

(1) 決算整理前残高試算表

借　　方	勘　定　科　目	貸　　方
1,618,400	現　　　　　　金	
2,028,000	普　通　預　金	
3,600,000	売　　掛　　金	
1,713,600	仮　払　消　費　税	
972,000	繰　越　商　品	
7,200,000	備　　　　　　品	
	買　　掛　　金	2,800,000
	仮　受　消　費　税	2,400,000
	貸　倒　引　当　金	32,000
	備品減価償却累計額	1,440,000
	資　　本　　金	7,200,000
	繰越利益剰余金	848,000
	売　　　　　　上	24,000,000
	受　取　手　数　料	480,000
17,136,000	仕　　　　　　入	
3,120,000	支　払　家　賃	
140,000	租　税　公　課	
1,672,000	その他の費用	
39,200,000		39,200,000

(2) 決算整理事項等

1. 普通預金口座から買掛金¥240,000を支払ったが、この取引の記帳がまだ行われていない。

2. 売掛金の期末残高に対して、2%の貸倒れを見積もる。貸倒引当金の設定は差額補充法による。

3. 期末商品棚卸高は¥1,308,000である。

4. 備品について、定額法（耐用年数10年、残存価額ゼロ）により減価償却を行う。

5. 購入時に費用処理していた収入印紙の未使用高が¥12,000であるため、貯蔵品へ振り替える。

6. 消費税（税抜方式）の処理を行う。

7. 支払家賃の残高は13か月分であるため、1か月分を前払計上する。

8. 受取手数料は全額当期の3月1日に向こう1年分の手数料を受け取ったものであるため、前受額を月割で計上する。

9. 未払法人税等¥540,000を計上する。

問1 答案用紙の決算整理後残高試算表を完成しなさい。

問2 当期純利益または当期純損失の金額を答えなさい。なお、当期純損失の場合は金額の頭に△を付すこと。

問1

決算整理後残高試算表

借　　方	勘 定 科 目	貸　　方
1,618,400	現　　　　　金	
	普 通 預 金	
3,600,000	売 　掛　 金	
	繰 越 商 品	
	貯 　蔵　 品	
	前 払 家 賃	
7,200,000	備　　　　　品	
	買 　掛　 金	
	未 払 消 費 税	
	未 払 法 人 税 等	
	前 受 手 数 料	
	貸 倒 引 当 金	
	備品減価償却累計額	
	資 　本　 金	7,200,000
	繰 越 利 益 剰 余 金	848,000
	売　　　　　上	24,000,000
	受 取 手 数 料	
	仕　　　　　入	
	支 払 家 賃	
	租 税 公 課	
	減 価 償 却 費	
	貸 倒 引 当 金 繰 入	
	法 人 税 等	
1,672,000	そ の 他 の 費 用	

問2　￥ [　　　　　　]

第2問（20点）

問1

次の［資料］にもとづいて、備品勘定および備品減価償却累計額勘定への記入を完成しなさい。なお、定額法（残存価額ゼロ）にもとづき減価償却が行われており、減価償却費は月割計算によって計上する。また、当社の決算日は毎年3月31日である。

［資料］

固定資産台帳　　　　　　　　　　　X5年3月31日現在

取得年月日	名称等	期末数量	耐用年数	期首(期中取得)取得原価	期首減価償却累計額	差引期首(期中取得)帳簿価額	当期減価償却費
備品							
X1年4月1日	備品Ⅰ	1	8年	4,608,000	1,728,000	2,880,000	?
X3年10月1日	備品Ⅱ	2	6年	2,700,000	225,000	2,475,000	?
X4年6月1日	備品Ⅲ	3	5年	4,500,000	0	4,500,000	?
小　計				11,808,000	1,953,000	9,855,000	?

備　　品

日	付	摘　要	借　方	日	付	摘　要	貸　方
X4	4　1	前 期 繰 越		X5	3　31	次 期 繰 越	
	6　1	普 通 預 金					

備品減価償却累計額

日	付	摘　要	借　方	日	付	摘　要	貸　方
X5	3　31	次 期 繰 越		X4	4　1	前 期 繰 越	
				X5	3　31		

問2

次の各取引について、各伝票に記入しなさい。ただし、当社では3伝票制を採用している。なお、全額を掛取引として起票する方法と取引を分解して起票する方法のいずれを採用しているかについては、取引ごとに異なるため、各伝票の記入から各自判断すること。また、勘定科目は、次の中から最も適当と思われるものを選び、**番号**で答えること。

① 現　　金　②売 掛 金　③買 掛 金　④売　　上　⑤仕　　入

⑴　商品を¥850,000で仕入れ、代金のうち¥50,000については現金で支払い、残額は掛けとした。

出 金 伝 票	
科　　目	金　額

振 替 伝 票			
借 方 科 目	金　額	貸 方 科 目	金　額
仕　　入	850,000		850,000

⑵　商品を¥1,300,000で売り渡し、代金のうち¥150,000については現金で受け取り、残額は掛けとした。

入 金 伝 票	
科　　目	金　額
売　　上	

振 替 伝 票			
借 方 科 目	金　額	貸 方 科 目	金　額

第3問 (35点)

　次の(1)決算整理前残高試算表と(2)決算整理事項等にもとづいて、答案用紙の貸借対照表と損益計算書を完成しなさい。なお、会計期間はX8年4月1日からX9年3月31日までの1年間である。

(1)

決算整理前残高試算表

借　方	勘　定　科　目	貸　方
350,000	現　　　　　金	
	当　座　預　金	270,000
740,000	普　通　預　金	
1,000,000	売　　掛　　金	
1,160,000	仮　払　消　費　税	
244,000	繰　越　商　品	
3,000,000	建　　　　　物	
1,400,000	備　　　　　品	
3,042,000	土　　　　　地	
	買　　掛　　金	682,000
	仮　受　消　費　税	1,400,000
	社会保険料預り金	24,000
	貸　倒　引　当　金	6,000
	建物減価償却累計額	900,000
	備品減価償却累計額	560,000
	資　　本　　金	6,000,000
	繰越利益剰余金	360,000
	売　　　　　上	14,000,000
11,600,000	仕　　　　　入	
900,000	給　　　　　料	
264,000	法　定　福　利　費	
302,000	水　道　光　熱　費	
200,000	保　　険　　料	
24,202,000		24,202,000

(2) 決算整理事項等

1. 当座預金勘定の貸方残高全額を借入金勘定に振り替える。なお、当社は取引銀行との間に¥2,000,000を借越限度額とする当座借越契約を締結している。

2. 売掛金の期末残高に対して貸倒引当金を差額補充法により1%設定する。

3. 期末商品棚卸高は¥228,000である。

4. 建物については耐用年数30年、残存価額は取得価額の10%、備品については耐用年数5年、残存価額ゼロとして、それぞれ定額法により減価償却費を計上する。

5. 消費税の処理（税抜方式）を行う。

6. 保険料は全額、建物に対する火災保険料であり、毎年同額を12月1日に向こう1年分として支払っている。

7. 社会保険料の当社負担分¥24,000を未払い計上する。

8. 未払法人税等¥120,000を計上する。なお、当期に中間納付はしていない。

貸 借 対 照 表
X9年3月31日　　　　　　　　　　　　　　　　　　　　　　（単位：円）

現　　　　金		350,000	買　掛　金		682,000
普 通 預 金		740,000	社会保険料預り金		☐
売　掛　金	☐		借　入　金		☐
貸 倒 引 当 金	☐	☐	未 払 費 用		☐
商　　　品		☐	未 払 消 費 税		☐
前 払 費 用		☐	未 払 法 人 税 等		120,000
建　　　物	☐		資　本　金		6,000,000
減価償却累計額	☐	☐	繰越利益剰余金		☐
備　　　品	☐				
減価償却累計額	☐	☐			
土　　　地		3,042,000			
		☐			☐

損 益 計 算 書
X8年4月1日からX9年3月31日まで　　　　　　　　　　　（単位：円）

売 上 原 価	☐	売　上　高	☐
給　　　料	900,000		
貸倒引当金繰入	☐		
減 価 償 却 費	☐		
水 道 光 熱 費	302,000		
保　険　料	☐		
法 定 福 利 費	☐		
法 人 税 等	☐		
当 期 純 利 益	☐		
	☐		☐

第2問 (20点)

問1

次の6月におけるX商品に関する [資料] にもとづいて、下記の⑴および⑵に答えなさい。なお、払出単価の決定方法として、**移動平均法**を用いるものとする。

[資料]

6月1日　前月繰越　40個　@¥540

　　8日　仕　　入　160個　@¥490

　　11日　売　　上　80個　@¥980

　　18日　仕　　入　280個　@¥480

　　25日　売　　上　220個　@¥960

　　27日　売上返品　25日に売り上げた商品のうち品違いのため　20個返品（受入欄に記入すること）

⑴　商品有高帳（X商品）を作成しなさい。なお、商品有高帳は締め切らなくて良い。

商品有高帳
X商品

(移動平均法)

X1年		摘　要	受　入			払　出			残　高		
			数量	単価	金　額	数量	単価	金　額	数量	単価	金　額
6	1	前 月 繰 越									
	8	仕　　入									
	11	売　　上									
	18	仕　　入									
	25	売　　上									
	27	売 上 返 品									

⑵　6月のX商品の純売上高、売上原価および売上総利益を答えなさい。

純 売 上 高	売 上 原 価	売 上 総 利 益
¥	¥	¥

問2

次の文章の　　　　　　　にあてはまる最も適切な語句を下記の [語群] から選択し、**番号**で答えなさい。

1	財務諸表のうち、企業の一時点における財政状態を明らかにする表を　　　　　　　といい、一定期間における経営成績を明らかにする表を　　　　　　　という。
2	貸倒引当金は、受取手形や売掛金に対する　　　　　　　勘定である。
3	得意先元帳とは、得意先ごとの売掛金の増減を記録する　　　　　　　である。
4	決算整理後の各勘定の残高を一覧にした表のことを　　　　　　　という。

[語群]

　①　損益計算書　　②　評価　　③　補助元帳　　④　総勘定元帳　　⑤　精算表

　⑥　貸借対照表　　⑦　統制　　⑧　振替伝票　　⑨　補助記入帳　　⑩　決算整理後残高試算表

第 3 問（35点）

次の［**決算整理事項等**］にもとづいて、答案用紙の精算表を完成しなさい。なお、会計期間はX8年 4 月 1 日からX9年 3 月31日までの 1 年間である。

［**決算整理事項等**］

1 ．現金の手許有高は¥290,000である。なお、過不足の原因は不明であるため、適切な処理を行う。

2 ．普通預金口座から買掛金¥72,000を支払ったが、この取引の記帳がまだ行われていない。

3 ．仮受金の残高は、決算直前に得意先より受け入れた内容不明の入金であったが、その全額が売掛金の回収であることが判明した。

4 ．受取手形および売掛金の期末残高に対して 3 ％の貸倒れを見積もり、差額補充法により貸倒引当金を設定する。

5 ．商品の期末棚卸高は¥410,000である。売上原価は「売上原価」の行で計算すること。

6 ．建物（耐用年数30年、残存価額は取得原価の10％）および備品（耐用年数 5 年、残存価額ゼロ）について、それぞれ定額法により減価償却を行う。

7 ．保険料は、当期の12月 1 日に支払った店舗に対する 1 年分の火災保険料である。よって、未経過高を月割計算により計上する。

8 ．支払利息の決算日までの未払額が¥4,000ある。

9 ．手数料の未収分が¥6,000ある。

精 算 表

勘定科目	残高試算表 借方	残高試算表 貸方	修正記入 借方	修正記入 貸方	損益計算書 借方	損益計算書 貸方	貸借対照表 借方	貸借対照表 貸方
現　　　　　金	284,000							
普 通 預 金	1,072,000							
受 取 手 形	160,000							
売 　 掛 　 金	320,000							
繰 越 商 品	274,000							
建　　　　　物	1,600,000							
備　　　　　品	700,000							
支 払 手 形		96,000						
買 　 掛 　 金		204,000						
借 　 入 　 金		800,000						
仮 　 受 　 金		80,000						
貸 倒 引 当 金		6,000						
建物減価償却累計額		576,000						
備品減価償却累計額		280,000						
資 　 本 　 金		1,800,000						
繰越利益剰余金		200,000						
売　　　　　上		3,000,000						
受 取 手 数 料		8,000						
仕　　　　　入	2,200,000							
給　　　　　料	360,000							
保 　 険 　 料	12,000							
支 払 地 代	44,000							
支 払 利 息	24,000							
	7,050,000	7,050,000						
雑 　　　　 益								
貸倒引当金繰入								
売 上 原 価								
減 価 償 却 費								
前 払 保 険 料								
未 払 利 息								
未 収 手 数 料								
当 期 純 利 益								

2024年度版　模擬試験問題集３級　出題論点一覧

		第1回	第2回	第3回	第4回
第1問	1	前受金	源泉所得税	手形借入金	有形固定資産の購入
	2	前払金	給料の支払い	仮払金・前受金	仮払金
	3	貸倒れ	支払地代	手形貸付金	仕入の処理
	4	仕入の処理	修繕費	掛代金の相殺	ＩＣカード
	5	証ひょう	証ひょう	証ひょう	損益への振替え
	6	売上返品	ＩＣカード	売上返品	費用の処理
	7	償却債権取立益	振込手数料	固定資産税	株式の発行
	8	小口現金	通信費	貯蔵品	現金過不足
	9	振込手数料	租税公課	手形の振出し	有形固定資産の売却
	10	証ひょう	証ひょう	資本的支出・収益的支出	証ひょう
	11	現金過不足	仮受金・前受金	現金過不足	借入金
	12	有形固定資産の売却	再振替仕訳	手形借入金	事務用品の購入
	13	有形固定資産の付随費用	貸付金	法定福利費	差入保証金
	14	固定資産税	借入金	商品券・消費税	収益の処理
	15	証ひょう	証ひょう	損益への振替え	証ひょう
第2問	問1	商品有高帳	勘定記入	仕訳日計表	勘定記入
	問2	語群選択	伝票会計	補助簿の選択	買掛金勘定・仕入先元帳
第3問		精算表	財務諸表	決算整理後残高試算表	財務諸表

		第5回	第6回	第7回	第8回
第1問	1	貸付金	前払金	有形固定資産の売却	有形固定資産の購入
	2	法人税等	当座預金口座の開設	クレジット売掛金	損益勘定
	3	仕入返品	商品券	消費税	仮受金
	4	償却債権取立益	有形固定資産の購入	複数口座の管理	支払家賃
	5	証ひょう	株式の発行	償却債権取立益	証ひょう
	6	資本的支出・収益的支出	手形貸付金	再振替仕訳	資本的支出・収益的支出
	7	剰余金の配当	仮払金	定期預金	電子記録債務
	8	商品券	差入保証金	前払金	消費税
	9	貸倒れ	損益勘定	電子記録債務	借入金
	10	株式の発行	証ひょう	収益の処理	保管費
	11	差入保証金	電子記録債権	受取手形	電子記録債権
	12	当座預金口座の開設	貸倒れ	借入金	再振替仕訳
	13	給料の支払い	従業員立替金	前受金	売上の処理
	14	クレジット売掛金	給料の支払い	売上の処理	手形の受取り
	15	証ひょう	証ひょう	伝票	伝票
第2問	問1	商品有高帳	勘定記入	勘定記入	勘定記入
	問2	語群選択	伝票会計	補助簿の選択	仕訳（証ひょう）
第3問		精算表	財務諸表	決算整理後残高試算表	財務諸表